**80** Es liefert Fleisch und Milch, Wolle und Fell, ist Nutztier und Repräsentationsobjekt gleichermaßen – um das Ren dreht sich die samische Kultur und Lebensweise.

**DUMONT THEMA**
**64 Traumjob zwischen Fjord und Fjell**
Jann Engstad berichtet von seinen Freiluftarbeitsplätzen Meer und Berg.

**68 Straßenkarte**
**69 Infos & Empfehlungen**

## Troms & Tromsø

**72 Die Essenz des Nordens**
In der „Schweiz am Meer" wechseln die Landschaftsbilder oft auf engstem Raum, und ihre Metropole ist die im Sommer fast südländisch anmutende Universitätsstadt Tromsø.

**DUMONT THEMA**
**80 Acht Jahreszeiten**
Bis heute bestimmt das Rentier Leben und Jahreslauf vieler Samen.

**82 Straßenkarte**
**83 Infos & Empfehlungen**

## Nordkap

**86 Letzte Station vor dem Pol**
Einmal am „Ziel der Ziele" zu stehen, ist ein Traum. Aber auch wer ihn nicht hegt, wird vom erlebnisreichen Weg dorthin begeistert sein.

**96 Straßenkarte**
**97 Infos & Empfehlungen**

## Finnmark

**100 Leben in Extremen**
Übermächtige Natur spüren – das geht nirgendwo sonst so gut wie im Land der Samen.

**DUMONT THEMA**
**108 Mehr als eine Fastenspeise**
Seit Jahrhunderten hängt der Lofotenhimmel im Spätwinter voller Fische.

**112 Straßenkarte**
**113 Infos & Empfehlungen**

## Anhang

**116 Service – Daten und Fakten**
**121 Register, Impressum**
**122 Lieferbare Ausgaben**

Genießen    Erleben    Erfahren

**39 Königin der Lachsflüsse**
Lachsangeln lässt sich nirgendwo besser als im Namsen.

**53 Radeln und Hüpfen**
Inseltouren mit dem Fahrrad.

**71 Auf Walbeobachtung**
Bei Andenes lassen sich die Meeressäuger besuchen.

**85 Auf festem Gleis**
Nach Narvik per Bahn ist einmalig spektakulär.

**99 Abenteuer Reisaelv**
Mit Langboot und Kanu durch wildeste Wildnis.

**115 Touren in die Taiga**
An der botanisch-zoologischen Grenze Europas und Asiens.

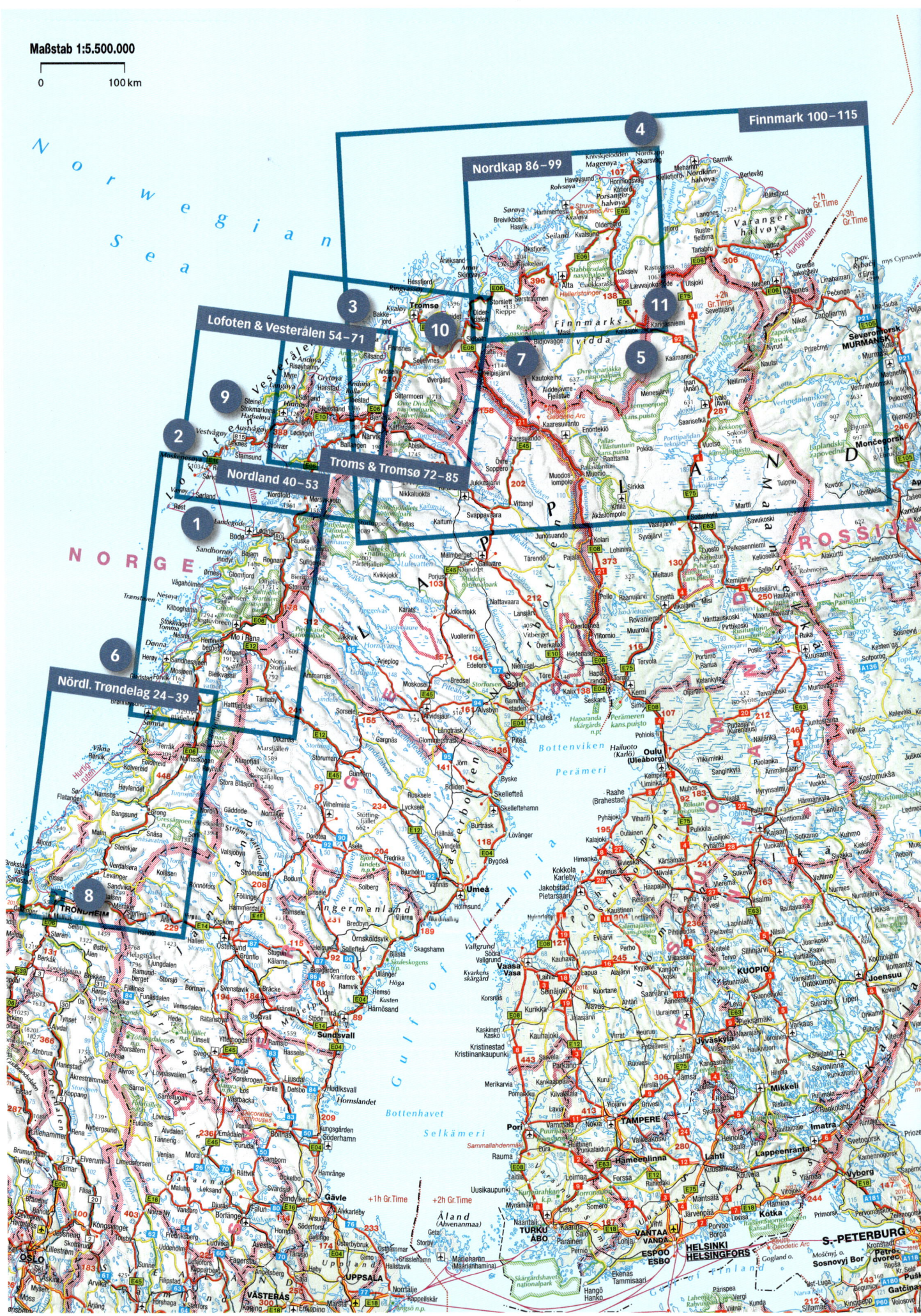

## Liebe Leserinnen, liebe Leser!

Diesen Band haben wir zwei „Norwegern" zu verdanken – und das merkt man. Der Fotograf Ola Røe lebt mit seiner deutschen Lebensgefährtin in der Unistadt Tromsø. Ihm lag es besonders am Herzen, seine Heimat „ins rechte Licht zu rücken". Dabei sind ihm dramatische Landschaftsbilder gelungen. Michael Möbius, der diesen Bildatlas getextet hat, ist zumindest „Wahl-Norweger". Er verbringt einen großen Teil des Jahres in Norwegen.

*Der Fotograf **Ola Røe** ist in der Nähe von Tromsø zuhause. Es war für ihn eine besondere Herausforderung, seine nordnorwegische Heimat möglichst ansprechend und zugleich charakteristisch ins Bild zu setzen.*

### Zu Besuch bei Fischern und Samen

Und natürlich berichtet er sehr kenntnisreich von seiner zeitweiligen Heimat. Ich schätze besonders die ganz persönlichen Tipps, die Michael Möbius gibt. Gern würde ich einmal seiner Empfehlung folgen und meine Ferien in einem alten Fischerhaus auf den Lofoten verbringen (siehe Seite 69), zu einer kombinierten Fahrrad-Schiffstour in Nordland starten (siehe Seite 53) oder eine Siida besuchen (siehe Seite 97). Gemeint ist damit eine aus mehreren Samenfamilien bestehende Gesellschaftsorganisation, die mit ihren Rentieren wandert. Eine der wenigen noch existierenden Siidas stellt Michael Möbius vor, hier kann man nicht nur samische Spezialitäten kosten, sondern hat auch reichlich Kontakt zu Rentieren.

**Michael Möbius** *lebt als freier Reisejournalist auf den Lofoten. Seine Reisen führten ihn in alle Welt und vor allem nach Asien. Sein besonderes Augenmerk galt aber immer der norwegischen Wahlheimat.*

### Die schönste Seereise der Welt

Wer einfach erst einmal „Norwegen schnuppern" möchte, für den ist eine Reise auf der Hurtigrute die beste aller Möglichkeiten. Von nicht wenigen wird sie als schönste Seereise der Welt gepriesen. Faszinierend ist es einzutauchen in die Welt der Fjorde und engen Sunde, vorbei an majestätischen Bergen und Gletschern zu gleiten. Natürlich ist es ein grandioses Erlebnis, die Fahrt an nicht enden wollenden Sommertagen zu genießen, aber ich finde es auch sehr reizvoll (und bedeutend preisgünstiger) im Frühling oder Herbst zu reisen. Dann wird die Fahrt auf der Hurtigrute nämlich zu einer Reise durch die Jahreszeiten. Während im Süden die Bäume blühen, herrscht im Norden noch oder bereits der Winter.
Herzlich

*Ihre*

*Birgit Borowski*

Birgit Borowski
Programmleiterin DuMont Bildatlas

72 Die Region Troms bietet reizvollstes Norwegen auf überschaubarem Raum.

**64** Jann Engstad ist eine Institution, wenn es um Angel- und Rad-, Berg- und Kajaktouren geht.

**54** Im ganzen norwegischen Königreich ist Vergleichbares kaum zu finden – die Lofoten und die Vesterålen sind dank ihrer atemberaubenden Natur einzigartig.

## Impressionen

8 Nordland-Kaleidoskop: von idyllisch gelegenen Fischerhütten, Gletscherzungen und Samenalltag bis zu Winterszenerien und Metropolen am Eismeer.

## Nördliches Trøndelag

24 **Im Herzen des Landes**
Das geografische Zentrum Norwegens ist eine der ältesten Kulturlandschaften des Königreiches. Einen Besuch der historischen Metropole Trondheim sollte niemand versäumen.

**DUMONT THEMA**
34 **Auf der „Reichsstraße 1"**
Über 100 Jahre verbinden die Schiffe der Hurtigrute Süden und Norden.

36 **Cityplan Trondheim / Straßenkarte**
37 **Infos & Empfehlungen**

## Nordland

40 **Naturkunst aus Eis und Stein**
Nordland gilt als Inbegriff norwegischer Landschaftsmajestät. Hier ist es zu finden, das Bilderbuch-Norwegen mit seinen von Bergen und Küsten gebildeten Kontrasten.

50 **Straßenkarte**
51 **Infos & Empfehlungen**

## Lofoten & Vesterålen

54 **In der arktischen See**
Die Lofoten mit alpinen Bergformen und schönen Stränden, Fischerdörfern und der Dorsch-Fischerei werden als schönste Inseln auf Erden gerühmt. Die sanfteren Vesterålen sind für Walsafaris bekannt.

UNSERE FAVORITEN

**BEST OF ...**

22 **Strände**
Karibische Gefühle in Norwegen? Ja, tatsächlich – manche Strände sind unglaublich schön.

48 **Fischrestaurants**
Fisch vom Feinsten ist keine Seltenheit, aber hier gibt es ganz besondere Leckerbissen.

94 **Unterkünfte**
Von Schneehotels und Leuchttürmen bis zu schwimmenden Schneekristallen – in Nordnorwegen findet man Hotels der Sonderklasse.

# Topziele

*Die bedeutendsten Sehenswürdigkeiten und Ereignisse, die keinesfalls versäumt werden sollten, haben wir auf dieser Seite zusammengestellt. Auf den Infoseiten sind sie jeweils als* TOPZIEL *gekennzeichnet.*

## NATUR

**6 Schleife um Torghattan:** Für den Blick auf den südlich Brønnøysund gelegenen „Berg mit dem Loch" fahren die Schiffe der Hurtigrute sogar eine Schleife. **Seite 51**

**7 Norwegens Grand Canyon:** Bis 425 Meter tief hat der Altaelv den größten und eindrucksvollsten Canyon Skandinaviens in die Finnmarksvidda gefräst. **Seite 98**

## ERLEBEN

**1 Am Mahlstrom:** Saltstraumen bei Bodø ist der stärkste Gezeitenstrom der Welt. **Seite 53**

**2 Wohnen wie im 19. Jahrhundert:** Nusfjord gehört zu den beliebten Fotomotiven der Lofoten – und selten wohnt man traditioneller. **Seite 69**

**3 Blick auf die Zähne des Teufels:** Die an der Nordostküste der Insel Senja verlaufende Straße bietet ein spektakuläres Küsten- und Berg-Panorama. **Seite 84**

**4 71° 10′ 21″ N und 25° 47′ 40″ E:** Diese geografischen Koordinaten geben die Lage des legendären Nordkaps an. **Seite 98**

**5 Bei den Herden:** In Norwegens Norden dreht sich alles um den arktischen Geweihträger Ren. **Seite 113**

## KULTUR

**8 Trondheims höchster Höhepunkt:** Die Besichtigung des mittelalterlichen Nidaros-Doms ist Höhepunkt einer jeden Trondheimreise. **Seite 37**

**9 Bei den Nordmannen:** Das Wikingermuseum von Borg mit dem Nachbau eines Wikingerhauses sollte auf keiner Reiseroute fehlen. **Seite 70**

**10 Nordische Lande, museal:** Das Tromsø-Museum informiert umfassend über Natur und Kultur des Landes über dem Polarkreis. **Seite 85**

**11 Blick in eine andere Welt:** Das Nationalmuseum für samische Kultur in Karasjok ist die fundierteste Ausstellung ihrer Art. **Seite 113**

## Norwegische Postkartenidylle

Das Fischerdorf Reine auf der Lofoteninsel Moskensøy ist ein beliebtes Fotomotiv – und das angesichts der großartigen Lage auch zu Recht! Der kleine Ort mit gerade einmal etwas mehr als 300 Einwohnern ist bekannt für seine Rorbuer, frühere Fischerhäuser, von denen viele heute auch als Unterkünfte für Reisende dienen.

## Wandern in grandioser Natur

Zweifellos: Der Norden Norwegens ist ein Paradies für Wanderer. Egal, wie gut trainiert man
ist, für jeden finden sich zahllose reizvolle Pfade.
Angesichts der Gletscherzunge des Svartisen,
Norwegens zweitgrößten Gletschers, und der
umgebenden Felsen und Berge schrumpft hier
ein Wanderer auf Zwergengröße, der auf einem
anspruchsvollen Weg unterwegs ist.

## Sportliche Raritäten

Nordnorwegen zeigt sich sportlich aufgeschlossen. Man kann wandern und klettern, jede Form von Wasser- und Wintersport betreiben – aber das ist auch anderswo möglich. Eine Besonderheit sind dagegen die ganz im Norden des Landes veranstalteten Hundeschlittentouren, Rentiersafaris und sogar Rentierschlittenrennen und -skirennen – in einem Land, in dem der Winter noch verlässlich weiß ist.

## Unterwegs mit ihren Herden

Die samische Kultur ist fester Bestandteil nahezu aller Nordlandreisen – wie hier bei einem Besuch in der Finnmark. Die bunten Trachten und die Rentierherden bilden ja auch ein zu eindrucksvolles Bild. Dennoch: Nur ein geringer Teil der Samen kann oder will noch traditionell mit den Herden leben und sein Fleisch überm Zeltfeuer konservieren.

## Sommerfreuden, bunt und aromatisch

..................................................

Der nordische Sommer lässt nicht nur die Menschen aufleben, auch die Natur legt sich mächtig ins Zeug – bunt leuchtet es überall an Hängen und Küsten. Zum Ende der kurzen warmen Zeit des Jahres ist der Tisch reich gedeckt. Von dem alljährlichen Beerenteppich können Mitteleuropäer nur träumen – Früchte soweit das Auge reicht. Das ist die Zeit norwegischer Familien, die mit Eimern und Plastiktüten durch die hochnordischen Landschaften stiefeln, um sich einen kulinarischen Wunsch zu erfüllen: Trollkrem aus Preiselbeeren.

# Drei Beinpaare – geschmackvoll und gefährlich

Was einst als Verbesserung der Versorgungs-
lage der russischen Bevölkerung am Nordmeer
geplant war, hat sich längst verselbstständigt.
Die aus dem Nordpazifik stammende in der
Barentssee ausgesetzte Königskrabbe gedeiht
auch an Norwegens Küsten prächtig, Delikatesse
und Plage zugleich.

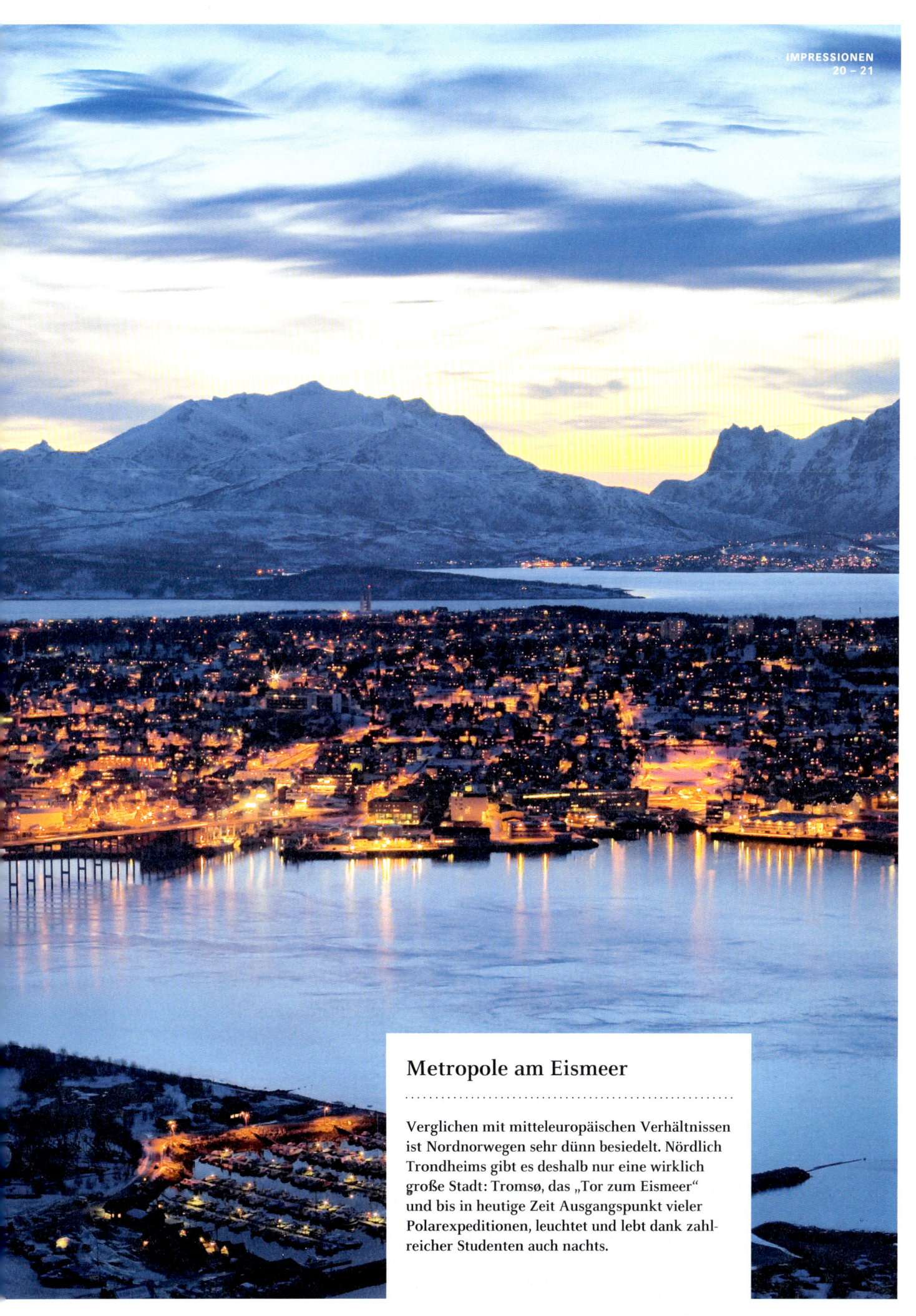

## Metropole am Eismeer

Verglichen mit mitteleuropäischen Verhältnissen ist Nordnorwegen sehr dünn besiedelt. Nördlich Trondheims gibt es deshalb nur eine wirklich große Stadt: Tromsø, das „Tor zum Eismeer" und bis in heutige Zeit Ausgangspunkt vieler Polarexpeditionen, leuchtet und lebt dank zahlreicher Studenten auch nachts.

Die schönsten Strände

# Karibische Gefühle

Dass in Norwegens Norden die Natur in ihren spektakulärsten Erscheinungsformen auftritt, weiß man längst. Doch wer würde vermuten, dass es dort Traumstrände von karibischer Schönheit gibt, ja laut der Englischen Times sogar den schönsten Strand Europas und man sich dort nicht nur zum Anbeten der Mitternachtssonne trifft, sondern durchaus auch zum Sonnen und Baden?

## 1 Hauklandsand

Gäbe es einen Preis für die Landschaft mit den schönsten Stränden, Vestvågøy wäre seiner würdig. Insbesondere die Außenseite dieser Lofoten-Insel ist mit Sandbändern so weiß wie Schnee vor türkisfarbenen Buchten überreich gesegnet. Landeinwärts öffnen sie sich in Blumentäler, von alpenschönen Bergen flankiert, und wer jemals an dem fast 2 km langen Halbmondstrand von Haukland bei Sonnenschein zu stehen kam, für den ist der Gedanke an Strandschönheit wohl für alle Zeiten mit den Lofoten verbunden. Er wurde übrigens von der Tageszeitung Dagbladet zum Traumstrand Norwegens gekürt, auch wenn es der benachbarte Strand von Utakleiv ist, der von der Times als der schönste Europas bezeichnet wurde.

Hauklandland, Haukland, Vestvågøy/Lototen, an der E 10 vor Leknes ausgeschildert mit „Utakleiv", ca. 11 km; mit WC-Häuschen

## 2 Rørvikstranda

Es ist einer dieser magischen Mittsommertage auf die man warten muss, leider oft einen ganzen Sommer lang. Die Lofoten ertrinken in farbigem Licht, kein Windhauch ist zu spüren – und halb Svolvær tummelt sich im knieflachen Wasser vor dem mit Sandburgen befestigten und unter Grillschwaden liegenden Strand von Rørvik.

Rørvikstranda, Austvågøy/Lofoten, direkt an der Abzweigung der R 816 nach Henningsvær von der E 10; mit Trinkwasser und Toiletten

## 3 Rambergstranda

Bizarr geformte Berge gelten im Allgemeinen als schöne Berge, und diejenigen, die sich im Rücken von Ramberg auftürmen, sind noch bizarrer, als man sich vorstellen kann. Auch ohne Schnee, der oft bis in den Juli hinein liegen bleibt, bringen sie jeden Fotografen zum Verzücken, und als wäre das noch nicht genug des Guten, bilden sie auch noch den Prospekt des gut 2 km langen Rambergstrandes vor der weißen Holzhauskulisse des Inselmetropolchens Ramberg.

Rambergstranda, Flakstadøy/Lofoten, direkt vor Ramberg an der E 10, in Vollendung zu betrachten vom ausgeschilderten Rastplatz an der E 10, von wo aus ein Treppenweg an das Sandband heranführt

## 5 Bleikstranda

Der Laufsteg des Aussichtspunktes Kleivodden will durch seine betonte Künstlichkeit, durch die Verwendung von poliertem Beton pointiert ausgedrückt, neue Blickwinkel auf die Natur ermöglichen. Landschaftsarchitektur vom Feinsten also in der grandiosen Landschaft des nördlichen Andøya mit Blick auf den in Klippen gefassten Bleikstranda. Er ist Nordeuropas längster! Und weiß und feinsandig, perfekt auch für Kinder zum Baden und Plantschen. Und er blickt in Richtung Norden, wo vom 22. Mai bis 21. Juli allnächtlich die Mitternachtssonne steht.

Bleikstranda, Bleik/Andøya, 10 km westl. Andenes, zu erreichen über die F 976; sanitäre Einrichtungen sind in Planung

## 6 Sommarøy

Kleine Sandbuchten und weit geschwungene Strandbänder in Weiß vor irisierend grünblauem Meer. Dahinter gelb getupfte Trollblumen-Wiesen und voraus die wie geschmiedet wirkenden Felsskulpturen der „Zähne des Teufels", die jenseits des tiefblauen Malangenfjords die Küste von Senja bilden. Wenn dann noch die Sonne ihr Goldlicht verströmt, ist sie perfekt, die Sommeridylle auf dem nicht ohne Grund „Sommerinsel" geheißenen Eiland, das über die „Sommerbrücke" ans Festland angeschlossen ist.

Store Sommerøy, 32 km westl. Tromsø über die R 862; Sanitäranlagen gibt es keine

## 7 Karasjokka

An warmen Sommertagen sieht man entlang der R 92, die Karasjok mit Karigasniemi verbindet, auffallend viele Familien mit Picknickkörben und Schwimmringen Richtung Karasjokka stapfen. Straßennah zieht er durch eine bewaldete Talsenke seine kurvigen Bahnen. Weiße Sandstrände bilden seinen Saum, Sandbänke ragen aus dem Strombett, an das sich grüne Liegewiesen anlehnen. Und die Wassertemperatur kann sage und schreibe über 20 °C erreichen.

Karasjokka, R 92 von Karasjok nach Karigasniemi ab ca. km 2 bis km 16

## 4 Bunesstranda

Eine Bootsfahrt ist der zünftige Auftakt für einen Strandtag. Ganz besonders dann, wenn sie über den Kirkefjord führt, der in allen Skalen von Grün und Blau leuchtet und umrahmt ist von opalgrauen Felswänden. Dann wird Vindstad erreicht, ein winziges Dorf mit nur einem Weg. Der führt in etwa 40 Gehminuten hinüber zur Außenseite der Insel, wo sich das in Felsmonolithen gefasste Sandmeer des Bunesstranda mitsamt einem Dünengürtel ans Nordmeer schmiegt. Diesen Anblick muss man erst einmal verdauen.

Bunesstranda, Moskenesøy; die Wanderung von Vindstad zum Strand ist rund 40 Min. lang, Vindstad erreicht man morgens mit dem regulären Fährboot; nachmittags geht es zurück, Infos über Tel. 76 09 20 90 , www.reine fjorden.no

# Im Herzen des Landes

Wer vom Vestland her erstmals ins Trøndelag reist, erkennt im Angesicht der fruchtbaren Hügellandschaft auf den ersten Blick, warum hier seit den frühesten Zeiten Menschen siedeln. Solchermaßen bevorzugt, konnte hier mit Trondheim auch das erste Machtzentrum eines norwegischen Königreiches entstehen, und mit seiner malerischen Altstadt vermag sich Trondheim bis heute gegenüber Bergen und Oslo zu behaupten. Diese Stadt im „geografischen Herzen" des Landes bietet sich zugleich als „Tor zum Norden" an, wohin die Reise entweder durch Taigawälder oder entlang einer reich gegliederten Küstenlandschaft verläuft.

Über den Speichern am Fluss liegt das alte Arbeiterviertel Møllenberg.

Auf Trondheims Hauptplatz Torget steht seit 1923 Olav Tryggvason,
Norwegens erster christlicher König, auf seiner Säule.

Die Munkegate in Trondheims Altstadt ist als beliebte
Flaniermeile eine ihrer Hauptstraßen.

Die Fassade des Nidaros-Doms schmücken
Heilige, Bischöfe und Könige.

Trondheims Hauptplatz ist noch ein richtiger Marktplatz,
mit bunten Ständen an jedem Tag.

Im Westen ist die rund 41000 Quadratkilometer umfassende Landschaft des Trøndelag von seenreichen Hochfjellregionen umkränzt, im Osten steigt sie zerklüftet und fjordreich aus dem mit Schären gespickten Meer auf. Und erstrecken sich im Norden dunkle Taigawälder zwischen düster heraufdrängenden Bergen, so bildet die Kältesteppe des Dovrefjell die natürliche Grenze nach Süden. Dazwischen breiten sich Täler mit Wiesen und Wäldern aus und vor allem Feldern. Schon im Mittelalter wurde hier, wo die Witterung außerordentlich mild ist, intensiv Landwirtschaft betrieben. Daran hat sich bis heute nichts geändert.

### Die historische Hauptstadt

Mittelpunkt über Jahrhunderte hinweg ist Trondheim, um 997 von König Olav Tryggvason zur königlichen Residenz erhoben. Der zuvor in England zum Christentum übergetretene Herrscher ließ von hier aus die Christianisierung weiter Landesteile durchführen, doch wesentlicher noch zur Bekehrung der Wikinger zum „rechten Glauben" trug sein in der Normandie getaufter Nachfolger Olav Haraldsson bei. Aber erst dessen Tod führte dazu, dass die seinerzeit Nidaros – Mündung des Nid-Flusses – genannte Siedlung zum Wallfahrtsort und zur größten und reichsten Stadt des Landes aufstieg, bis zur Reformation 1536 auch geistiges Zentrum .

Olav Haraldsson war 1030 bei Stiklestad mit einem Heer aufständischer Bauern aneinander geraten, der König fiel und wurde dort begraben. Bald schon ging im Volk die Kunde von Mirakeln um. Man grub die Leiche im Jahr darauf wieder aus, fand sie unversehrt und nahm dies als Beweis von Heiligkeit. Olav wurde – als Märtyrer heiliggesprochen – zum Symbol für Volk und Reich und unter dem Namen Olav der Heilige europaweit bekannt. Sein Grab, über dem man später den Dom errichtete, wurde zur bedeutendsten mittelalterlichen Wallfahrtsstätte des Nordens.

Bryggene nennen sich Trondheims alte Speicherhäuser am Fluss, die heutzutage viele Restaurants beherbergen und am besten von der Gamle Bybrua aus zu betrachten sind.

Rørvigs Museum Norveg: Vorbild für die aufsehenerregende Architektur des Gebäudes waren die Segel traditioneller Nordlandboote.

Seit dem Jahr 1861 überspannt die Gamle Bybrua den Nidelv.

In der Ravnkloa-Fischhalle am Vestre Kanalhavn werden auch Königskrabben angeboten.

Nordlandboot

**Special**

# 1000 Jahre Schiffbautradition

**Mehr als ein Jahrtausend bedienten sich die Fischer in Nordnorwegen kleiner, offener Ruder- und Segelboote, die in Sachen Konstruktion und Proportion zum gleichen Bootstyp wie die Langschiffe der Wikinger gehören und als außerordentlich seetüchtig gelten.**

Nordlandboote wurden, so viele unterschiedliche Typen es auch gab, generell als nordlandsbåter bezeichnet und dienten bis ins 19. Jahrhundert hinein der Fischerei. Aus Fichten- oder Kiefernholz, wurden sie meist mit Harz vermischtem Teer, später auch mit Leinöl imprägniert. Wichtig war das richtige Platzieren des Mastes für das Rahsegel, das hauptsächlich einen Raumschotkurs zuließ, zum Kreuzen und Am-Wind-Fahren jedoch nur bedingt geeignet war. Tief im Wasser liegend, konnten Wellen schnell überschlagen, und um ihnen ihre Wucht zu nehmen, wurde Tran oder Paraffin aufs Meer geschüttet. Lief das sehr

Offener Traditionssegler für die Freizeit

elastische Schiff dennoch voll, kam es auf den Skipper an, das Wasser durch geschickte Manöver „herauszusegeln". Erst ab etwa 1870 gelang es moderneren Schiffstypen, sich gegen die starke Traditionsverbundenheit der Nordnorweger durchzusetzen, die, wenn sie zum Fischen fahren, noch heute von „ro feske" sprechen, was soviel wie „Fisch rudern" bedeutet. Heute ist das Nordlandboot darauf angewiesen, von Liebhabern erhalten zu werden.

**Tor zum hohen Norden**

Seit Reformationstagen gehört die Pilgerschaft der Vergangenheit an, und auch ihre Stellung als weltliches sowie geistliches Zentrum des norwegischen Königreichs musste Trondheim an Bergen bzw. Oslo abtreten. Lukrativer Handel mit Holz aus den Trøndelag-Wäldern und die Lage am „Weg nach Norden" – was Norwegen übersetzt ja bedeutet – waren es, von der Nummer drei profitierte. Auch heute noch, denn nach wie vor ist Trondheim Einfallstor in den hohen Norden, der nach landläufiger Meinung erst jenseits der magischen Schwelle Polarkreis beginnt.

Bevor man aber dorthin aufbricht, führt kein Weg an einer Besichtigung der Altstadt auf der Flusshalbinsel Øra vorbei. Nur dort, wo Olav Tryggvason vor über 1000 Jahren um 997 seine Residenz errichtete, übertönt das Raunen der Jahrhunderte die Geschäftigkeit der expandierenden Technologiemetropole und Universitätsstadt. Hier sind sie zu finden, die sternchenverdächtigen Sehenswürdigkeiten, und insbesondere rings um den Dom ist Geschichte noch spürbar. Norwegens schönster Sakralbau und die mächtigste Kathedrale im ganzen Norden ist Kristallisationspunkt des royalistischen Norwegen, denn jeder zukünftige Regent muss hier gekrönt

Ringve Gård ist als Nationalmuseum der Musik und ihren Instrumenten gewidmet (oben links). An die Vergangenheit erinnern auch die Ritterspiele anlässlich der Olavs-Festtage (unten links) und das Volkskundemuseum des Trøndelag, das sich in Details farbenfroh zeigt (rechts oben und unten).

werden. Hinter der Domkirche, im Erz-bischöflichen Palais, kann man sich ein Bild vom Pomp der Krönungszeremonie machen, dort sind die Reichsinsignien mitsamt den Kronjuwelen zu bestaunen.

Nordwärts dieser Keimzelle erkennt auch der Laie den für die Renaissance typischen schachbrettartigen Stadt-grundriss, durchschnitten von der Mun-kegate. Sie geleitet vom Dom direkt zum Torget, dem Marktplatz und Herz, wo auf einer hohen Granitsäule Stadtgrün-der Olav Tryggvason thront. Von dort führt die Stadtachse weiter dem Meer zu, und viele prestigeträchtige Bauwerke und Shopping-Adressen säumen die als Prunkboulevard angelegte Flanier-meile. Auch in den Seitenstraßen lässt sich der Reichtum der Stadt an Vielfalt und Niveau der Geschäfte ablesen, und auch die Holzspeicher von Bryggene am Flussufer, frisch renoviert und prächtig gestrichen, stellen Wohlstand dar. Hier sollte man den Stadtbummel in einem der Restaurants unterbrechen, die über den Nidelv nach Møllenberg hinüber-blicken, das mit teilweise altersschiefen Giebeldachholzhäusern zu Füßen der Festung Kristiansten zeitentrückt wirkt.

### Über den Fluss in die Wälder

Jenseits Trondheims ist bald das nörd-liche Trøndelag erreicht, von dessen Weite und Einsamkeit man sich in der dicht besiedelten Mitte Europas kaum eine Vorstellung machen kann. Flächen-mäßig größer als beispielsweise Hessen, leben hier nur rund 135 000 Menschen zwischen ausgedehnten Taigawäldern, die nahezu die Hälfte des stark ge-birgigen und im Bereich der Schweden-grenze bis fast 1400 Meter hoch anstei-genden Landes bedecken. Dazwischen liegen Seenplatten und ausgedehnte Moore; wildromantische Schluchten führen in schroffe Hochfjellzonen, und alles in allem präsentiert sich hier die Binnenlandschaft ganz so, wie man sich gemeinhin wohl Sibirien vorstellt. Straßenarbeiter haben einst diese Be-zeichnung als Ortsnamen geprägt, und

Leuchttürme sorgen für Sicherheit: Kjenungskjær Fyr im Trondheimsfjord.

Fichten, Kiefern und Lerchen bedecken einen Großteil des Trøndelag, zum Sommerende ein farbenprächtiges Bild.

Die Weite des Nordens kann man sich als Mitteleuropäer kaum vorstellen.

Weite, stille Seen begleiten die Fahrt nach Norden auf der Europastraße 6.

er schmückt als Fotomotiv ein Straßenschild an der von Grong nach Schweden verlaufenden Reichsstraße 74, deren Spitzname „Fiskevägen" den Fischreichtum dieser größtenteils unter Naturschutz stehenden Grenzregion spiegelt.

Aber auch passionierte „Waldläufer" finden vieles zu ihrem Besten. Wer einen Elch vor die Kameralinse bekommen möchte, hat gute Chancen, gilt hier doch das größte und mit 500 Kilogramm Gewicht auch schwerste frei lebende Wildtier Europas fast schon als Landplage. Auch einige der letzten Wölfe, die es in Norwegen heute noch gibt, haben hier ihr Revier, wo auch vereinzelt noch eindrucksvoll große Braunbären auftau-

chen. Perfekt getarnt durchstreift der Luchs sein bis zu 600 Quadratkilometer großes Nadelwaldrevier – es kommt allerdings einem Sechser im Lotto gleich, ihn beobachten zu können.

## Küstenwirtschaft im Wandel

Nicht nur Wald-, sondern auch Küstenwege führen gen Norden. Die Küstenstraße R17 wird in Prospekten als „Panoramastraße ins Land der Mitternachtssonne" vorgestellt, wild zerfranste, mit Inseln und Schären gespickte Gestade gelten schließlich als Traumküsten. Die meisten dieser Inseln sind unbewohnt, und ehemals besiedelte Eilande trotzen heute als „Geisterinseln" dem

Nordatlantik. Verursacht wurde der Niedergang durch das Ausbleiben der großen Fischschwärme. Doch so groß die Bedeutung des saisonalen Fischfangs auch war, Lebensgrundlage war er nur in Verbindung mit Landwirtschaft. „Fischerbauer" war als Kombiberuf bis nach dem Zweiten Weltkrieg dominierend in den Küstenzonen. Wegen der Krisen der Fischwirtschaft wandelte sich die Beschäftigungsstruktur wie überall in Norwegen. Waren in den 1950er-Jahren noch die allermeisten Norweger in Fischerei, Land- oder Forstwirtschaft tätig, sind es heute gerade nicht mal drei Prozent, die dabei rund ein Prozent des norwegischen Bruttoinlandsprodukts erwirtschaften.

**DIE HURTIGRUTE**

# Auf der „Reichsstraße 1"

*Der große Dreiklang von Wasser, Grün und Stein durchtönt ganz Nordnorwegen, und in ihm hat dieses Land seinen Takt und sein Maß, wie man nirgends deutlicher gewahr wird als von der „Reichsstraße 1" aus, auf der seit über 100 Jahren tagtäglich die weltberühmten Postschiffe der Hurtigrute zwischen Bergen und Kirkenes verkehren.*

Rund 2500 Seemeilen legen sie auf dem Weg von und zum äußeren Nordosten des Landes zurück und laufen dabei 34 Häfen an, manche mit internationalem Schiffsverkehr, andere nur mit einem einzigen Anleger. Es ist ein Erlebnis, sich den hohen Norden so zu erschließen, denn in einer Zeit, da die Landschaften unserer Erde in kaum überschaubarem Maß verändert werden, nimmt sich „Utkant-Norge", der äußere Rand des Königreichs, nahezu wie ein Anachronismus aus: Mal geht es durch Schärengärten, mal durch Fjorde und enge Sunde, dann wieder aufs offene Meer, bald an majestätischen Bergen und Gletschern, aber auch lieblichen Feld- und Wiesenlandschaften vorbei. Im Sommer beziehen die Tage die Nächte mit ein, mit Himmelsfarben von unbeschreiblicher Schönheit. Im Winter, wenn es nördlich des Polarkreises nicht hell wird, erleuchten Mond und Sterne die eisklare Welt, und mit Glück huscht Nordlicht durch die Dunkelheit.

Rund 150 000 Inseln gehören zu Norwegen – hier ist ein Schiff der Hurtigrute unterwegs in den Lofoten.

Im Frühling und Herbst wird die Fahrt zu einer Reise durch die Jahreszeiten, denn während im Süden Bäume blühen oder rot-gelb-golden aufleuchten, herrscht im Norden noch oder bereits der Winter.

**Postschiffe im Liniendienst**

Eingerichtet wurde die Postschifflinie im Juli 1893. Am 2. Juli verließ das Dampfschiff „Vesteraalen" erstmals den Hafen von Trondheim mit Kurs auf Hammerfest. War ein Brief zwischen diesen beiden Orten bis dahin rund drei Wochen im Sommer und fünf Monate im Winter unterwegs, verkürzte sich diese Zeit nun auf wenige Tage. Bald wurde die Hurtigrute – der Name bedeutet soviel wie Schnellroute – als Revolution im Verkehrs- und Kommunikationswesen gefeiert, und so dauerte es auch nicht allzu lange, bis der Linienverkehr ausgeweitet wurde: 1898 kam Bergen als südlichste Endstation hinzu, ab 1907 fuhren die Schiffe über Hammerfest hinaus bis Vadsø, seit 1914 wird auch Kirkenes angelaufen.

## Eingerichtet wurde die Postschifflinie im Juli 1893.

Oben: Die Verpflegung auf den Schiffen lässt kaum einen Wunsch offen.

Links: Die Schiffe der Hurtigrute dienen den mitfahrenden Reisenden angesichts der großartigen Natur oft auch als schwimmende Aussichtsplattformen – hier beispielsweise im Trollfjord.

## Die schönste Seereise der Welt

Die Pünktlichkeit der Linie ist legendär, und da die zur Zeit elf in Dienst stehenden Schiffe alltägliche Transportmittel für die Küstenbewohner, Kreuzfahrtschiffe für Touristen und Frachter zugleich sind, kann man in den Häfen das Laden und Löschen der Fracht beobachten, trifft „echte" Norweger und muss doch auf guten Service und manchen Luxus nicht verzichten. Selbstverständlich kann man in jedem der Häfen auch an Land gehen, und obendrein bietet Hurtigruten ganzjährig eine Vielzahl an Ausflügen, die im Baukastenprinzip individuell kombiniert werden können: Da finden sich Bus- und Boots-touren ebenso wie Hundeschlitten- und Schneemobil-Fahrten, geführte Stadtrundgänge nebst Museums- und Konzertbesuchen, Vogelbeobachtungen und und und – natürlich alles auch auf Deutsch.

Schnell kann es passieren, dass man diese extravaganten Eindrücke nicht mehr missen möchte, und wer einmal Norwegen von „draußen" ge-schaut hat, für den ist der Gedanke an Schönheit oft für alle Zeiten an dieses Land gebunden. Und der versteht auch, warum die Hurtigrute, die Jahr für Jahr allein rund 37 000 deutsche Passagiere zählt, in der Welt des internationalen Reiseverkehrs einen herausragenden Stellenwert besitzt, ja als „schönste Seereise der Welt" bezeichnet wird.

## Information

Hurtigruten GmbH, Große Bleichen 23, 20354 Hamburg , Tel. 040 87 40 83 58, www.hurtigruten.de

# Norwegisches Entree

*Nördlich von Trondheim, einst Sitz der norwegischen Könige und bis heute ein städtebauliches Kleinod, zeigt sich das Binnenland des Trøndelag als Paradies für Angler, Kanuten und „Waldläufer", während sich die Küste, die auch zahlreiche kulturhistorisch bedeutsame Stätten vorzuweisen hat, als ein „Tausend-Insel-Reich" vorstellt.*

## 1 – 6 Trondheim

Die historische Metropole ist dank ihrer malerischen Bausubstanz eine der sehenswertesten Städte von Norwegen. Am Nidaros-Dom führt ebenso kein Weg vorbei wie an den bis zu den „Knien" im Wasser stehenden Speicherhäusern von Bryggene, die zu den beliebtesten Fotomotiven Norwegens zählen.

Gegründet wurde Trondheim 997 von Wikingerkönig Olav I. (Olav Tryggvason), der von hier aus die Christianisierung weiter Landesteile durchführen ließ. Sein Nachfolger, Olav II. (Olav Haraldsson), wurde als Märtyrer heiliggesprochen, und in der Folge stieg die Residenz (bis 1299) zum berühmtesten Wallfahrtsort des Nordens auf. 1152 wurde die Stadt Sitz des norwegischen Erzbischofs, und bis zur Reformation 1536 blieb Trondheim das geistliche Zentrum des Landes. 1681 brannte die Stadt zum wiederholten Mal ab – der herrschende

### Tipp

## Ende Juli wird gefeiert

Die größte Festivität von Stadt und Region erinnert Ende Juli an den hl. König Olav II., den „ewigen König Norwegens". Während der zehn Tage gibt es u. a. Jahr- und Mittelaltermarkt, Reiterspiele, Musik, Tanz und klassische Konzerte im Dom.

**INFORMATIONEN**
Informationen bei St. Olavsfestival, Tel. 73 84 14 50, www.olavsfestdagene. no, oder bei der Tourist-Information

Dänenkönig Christian V. (in Personalunion auch Herrscher von Norwegen) ließ sie auf dem heute noch sichtbaren Grundriss neu anlegen. In den folgenden Jahrhunderten waren Holzhandel und Landwirtschaft Wachstumsgaranten, bis es ab Beginn der Industrialisierung und des Eisenbahnbaus (1877) rasant bergauf ging. Heute ist Trondheim einer der wichtigsten Industriestandorte, nach Oslo sowie Stavanger die am meisten expandierende und mit rund 185 000 Einw. drittgrößte Stadt Norwegens nach Oslo und Bergen. Als wichtigste Universität Norwegens gilt Norges teknisk-naturvitenskapelige universitet; gut 30 000 Studenten lassen Trondheim sehr jugendlich erscheinen.

### SEHENSWERT

Die meisten wichtigen Sehenswürdigkeiten finden sich auf der Halbinsel **Øra**, der historischen Keimzelle der Stadt, und können gut zu Fuß besichtigt werden. Höhepunkt ist der ab 1152 errichtete ❶ **Nidaros-Dom** TOPZIEL (nach Bränden 1869–1930 wiederhergestellt) an der Bispegate, das bedeutendste gotische Architekturdenkmal in Skandinavien (www. nidarosdomen.no; Juni–Aug. Mo.–Fr. 9.00 bis 18.00, Sa. 9.00–14.00, So. 13.00–17.00, sonst Mo.–Fr. 9.00–14.00, Sa. 9.00–14.00, So. 13.00 bis 16.00 Uhr). Benachbart beeindruckt der teils noch aus dem 12. Jh. stammende ❶ **Erzbischöfliche Palais** (Erkebispegården) mit einem Museum. Der Stadtpalast ❺ **Stiftsgård** (um 1770) dient dem norwegischen Königshaus bei Trondheim-Besuchen als Unterkunft. Die hölzerne Konstruktion der neugotischen ❷ **Gamle Bybrua** (1861) führt über den Nidelv und bietet einen guten Blick auf die auf Pfählen im Fluss stehenden Speicherhäuser der ❹ **Brygge** (18./19. Jh.). Am jenseitigen Flussufer erstreckt sich das Holzhausviertel **Møllenberg**, überragt von der 72 m hoch gelegenen Festung ❸ **Kristiansten**, von deren im 17. Jh. aufgetürmten Wällen aus man ein beeindruckendes Stadtpanorama genießt.

### MUSEEN

Das ❶ **Palastmuseum** im Erzbischöflichen Palast gilt als eines der besten Museen Norwegens und zeigt u. a. die Reichsinsignien und die Kronjuwelen (www.nidarosdomen.no/erke bispegarden; Juni–Aug. Mo.–Fr. 10.00–17.00, Sa. 10.00–15.00, So. 12.00–16.00, sonst Di.–Fr.

*Rest des Mittelalters: Erzbischöfliches Palais*

11.00–14.00, Sa. 11.00–15.00, So. 12.00 bis 16.00 Uhr). Nahebei lädt an der Bispegate 7b mit dem ❶ **Kunstmuseum** die drittgrößte Sammlung norwegischer Bildkunst des Königreiches ein (www.tkm.museum.no; Di.–So. 12.00–16.00 Uhr). Weiter westl. bietet das ❻ **Wissenschaftsmuseum** Sammlungen zu Natur, Umwelt, Archäologie und auch Landesgeschichte (Vitenskapsmuseet, Erling Skakkes gate 47, www.ntnu.no/vitenskaps museet; Di.–Fr. 10.00–16.00, Sa. und So. 11.00 bis 16.00 Uhr).

### AKTIVITÄTEN

Gerade auch das **Nachtleben** ist in Trondheim erlebenswert, und an lichten Sommernächten spielt es sich vorzugsweise im Bereich der alten Speicherhauszeile Brygge am bzw. (auf schwimmenden Plattformen) auf dem Nidelv ab. Wege in die herrliche Wald-Wiesen-Feld- und-Fjord-Natur rings um die Stadt sind einerseits der etwa 14 km lange Ladesti sowie der Nidelvsti, der dem Nidelv bis zum Leirfoss-Wasserfall folgt; über beide **Wanderwege** informiert die Tourist-Information.

## HOTELS UND RESTAURANTS

Das € € € € **Britannia,** ein Prachtbau aus dem 19. Jh., ist das beste Haus der Stadt (Dronningensgate 5, N-7401 Trondheim, Tel. 73 80 08 00, www.thonhotels.no). Das € € € € / € € € **Scandic Nidelven,** teilweise in den Fluss hinein gebaut, präsentiert sich als komfortables Haus mit gutem Preis-/Leistungsverhältnis (Havnegaten 1, N-7400 Trondheim, Tel. 73 56 80 00, www.scandichotels.no). Die Glasarchitektur des € € € € / € € € **Royal Garden** nahe Nidelv beherbergt luxuriöse, moderne Zimmer (Kjøpmannsgate 73, N-7010 Trondheim, Tel. 73 80 30 00, www.radissonblu.com). Das € **City Living Schøller Hotel** ist ein einfaches Budgethotel im Zentrum mit geringem Serviceangebot, aber günstigen Preisen (Dronningens gate 26, N-7011 Trondheim, Tel. 73 87 08 00, www.cityliving.no). Rund 15 Gehminuten vom Zentrum entfernt liegt das € € / € **Vandrerhjem Rosenborg** mit Blick auf Stadt und Fjord und 53 Zimmern mit 1–6 Betten (Weidemannsvei 41, N-7043 Trondheim, Tel. 73 87 44 50, www.trondheim-vandrerhjem.no).

Das € € € € **Havfruen** in einem Speicherhaus am Nidelv gilt als erste und eleganteste Adresse für Fisch und Meeresfrüchte (Kjøpmannsgate 7, Tel. 73 87 40 70; Mo.–Sa. ab 16.00 Uhr). Dem erzbischöflichen Palais benachbart, bietet das € € € / € € **Grenaderen** traditionsreiche Speisen in bürgerlichem Ambiente (Kongsgårdsgata 1, Tel. 73 51 66 80; Di.–Sa. ab 12.00, So. ab 13.00 Uhr). € € **Den Gode Naboen,** an der alten Stadtbrücke gelegener „In"-Treff, besitzt das größte Fassbier-Angebot in der Stadt und bodenständige Küche; es wird auch auf den schwimmenden Plattformen auf dem Nidelv serviert (Øvre Bakklandet 66, Tel. 40 61 88 09; So.–Fr. ab 16.00, Sa. ab 13.00 Uhr).

**Tipp**

# Für Musikliebhaber

.....................................

Etwa 3 km außerhalb vom Zentrum Trondheims befindet sich das musikhistorische Ringve-Nationalmuseum, in dem im stilvollen Rahmen eines alten Herrenhauses 1800 Musikinstrumente aus vielen Jahrhunderten präsentiert werden. Auch zu einem Gang durch die Musikgeschichte Europas lädt es ein. Umgeben ist das Gebäude von einem Botanischen Garten in englischem Stil.

## INFORMATION

Norges nasjonale museum for musikk og musikkinstrumenter, Lade, Lade Allé 60, www.ringve. no; Juli und Aug. Di.–So. 11.00 bis 16.00, Mai, Juni und Ende Aug. bis Mitte Sept. Di.–So. 11.00–15.00, sonst nur So. 11.00–16.00 Uhr

*Trøndelag ist auch heute noch Bauernland (oben), bietet aber zugleich riesige Flächen unberührter Natur (rechts)*

## UMGEBUNG

Vor den Toren der Stadt lädt an der Sverresborg allé das **Trøndelag Folkemuseum** zu einem kulturhistorischen Spaziergang ein: Über 60 traditionelle Häuser aus dem gesamten Trøndelag machen dieses Freilichtmuseum zu einem der größten des Landes (www.sverresborg.no; Juni–Aug. tgl. 11.00–18.00, sonst Mo.–Fr. 10.00 bis 15.00, Sa. und So. 12.00–16.00 Uhr). Einen schönen Blick auf Trondheim bietet die weiter nördl. im Fjord gelegene **Insel Munkholm,** im 16. Jh. zur Festung ausgebaut und heute u. a. als Badeplatz beliebt (www.munkholmen.no; Mitte Mai–Anf. Sept. tgl. 10.00/11.00 bis 16.00/18.00 Uhr, Boot ab Vestre Kanalhavn).

## INFORMATION

Visit Trondheim, Postboks 2102, Torget, N-7411 Trondheim, Tel. 73 80 76 60, www. visittrondheim.no und www.trondheim.no

# ➐ Grong

Seit fast 200 Jahren genießt das Städtchen am Südrand des Namsdal höchstes Ansehen bei Lachsanglern. Das Zentrum der gleichnamigen Gemeinde (2600 Einw.) liegt an der „Königin der Lachsflüsse" (s. DuMont Aktiv). Wandern ist eine weitere Urlaubsaktivität, auch Kanutouren bieten sich an.

## SEHENSWERT

Am südl. Ortsrand bildet die Sanddøla den eindrucksvollen Wasserfall **Tømmeråsfoss.**

## VERANSTALTUNG

Größtes Happening der Region und Treff der Lachsangler ist das **Lachsfestival** am ersten Aug.-Wochenende (www.laksfestivalen.no).

## HOTELS

€ € **Grong Gård** ist ein kleiner Gasthof mit traditionsverbundener norwegischer Küche und beliebter Lachsanglertreff (N-7870 Grong, Tel. 74 33 11 16, www.grong-gard.no). Das Sommerhotel € **Grong Vandrerhjem** bietet 68 günstige Betten in 35 Zimmern (N-7870 Grong, Tel. 74 33 20 00, www.hihostels. no; Juni und Juli).

## UMGEBUNG

Den idyllischen **Fiskevägen** (www.fiskevagen. com; R 74) muss man vorbei an den beiden Nationalparks Blåfjella-Sjkærefjella und Lierne

einfach mal befahren haben; dichtere, wildere Wälder finden sich kaum im hohen Norden. Wo die R 74 von der E 6 abzweigt, bildet die Sanddøla den über 30 m hohen Wasserfall **Formofoss** (Fußweg zum Aussichtspunkt). 12 km nördl. Grong beeindruckt der rund 34 m hohe **Fiskumfoss** mit Lachstreppe und Lachsaquarium (www.namsenlaksakvarium.no; Juni bis Juli tgl. 10.00–16.00 Uhr).

## INFORMATION

Grong Turistinformajon, N-7870 Grong, Tel. 74 31 27 00, www.grongfritid.no

# ➑ Namsos

Das vorgelagerte „Tausend-Insel-Reich" der Namsdal-Küste ist nur eine kurze Bootsstrecke entfernt, die Wälder im Rücken sind zum Wandern und Paddeln prädestiniert. Aktive Familien nutzen Namsos als Küsten- und Waldferien-Standort, die Infrastruktur der modernen Kleinstadt ist entsprechend. Namsos gilt auch als bedeutende Wildlachs-Kommune.

## MUSEUM

Das **Namsdalsmuseum** zeigt 15 historische Gebäude und kulturhistorische Exponate. Hauptattraktion ist ein zwölfruderiges Nordlandboot (Kjærlighetsstien 1, www.mumidt.no; Mo.–Fr. 8-00–15.30 Uhr, Ende Juni–Mitte Aug. Di.–So. 12.00–16.00 Uhr).

## AKTIVITÄTEN

Nur 20 Gehminuten sind es zum 115 m hohen Aussichtsberg **Klumpen** mit Weitblick über Stadt, Fjord und Land. Eine Bootsfahrt durch das mit Inseln und Schären gespickte Küstengebiet ist geradezu ein „Muss"; mehrere Veranstalter bieten Touren an, aber ebenso gut kann man auf regulären Linienbooten mitfahren, die tgl. bis hinauf nach Rørvik verkehren (FosenNamsos Sjø AS, Tel. 73 89 07 00, www. fosennamsos.no).

## HOTEL UND HÜTTEN
€ € **Børstad Gjestgiveri** bietet gepflegte Zimmer. Dazu gehört auch Namsos Camping mit Hütten; auch Fahrrad-Verleih (N-7801 Namsos, Carl Gulbransonsgate 19, Tel. 74 21 80 90, www. borstadhotel.no).

## INFORMATION
Namsos Turistinformasjon, Sverresgate 37, N-7800 Namsos, Tel. 90 97 78 00, www.namsosinfo.no

# 9 Rørvig

6000 Inseln und Schären sowie 2460 Küstenkilometer lassen sich im Umfeld von Rørvik zählen, wo Wassersport größte touristische Bedeutung hat. Die Vikna-Gemeinde, deren Zentrum das etwa 2000 Einw. große Küstenstädtchen ist, profitiert seit jeher von der Lage am stark befahrenen Nærøysund, dem „Tor zu Nordland" – fotogen, wenn sich zwischen 20.30 und 21.15 Uhr das nord- und das südgehende Hurtigruten-Schiff treffen.

## SEHENSWERT
**Speicherhäuser** aus dem 19. Jh. bilden am Anlegesteg Besuchern einen Blickfang.

## MUSEEN
Für seine spektakuläre Architektur wurde das **Norveg-Museum** ausgezeichnet; die Ausstellung verlockt zu einer Zeitreise durch 10 000 Jahre Küstengeschichte (Strandgata 7, www. kystmuseetnorveg.no; Di.–Sa. 11.00–15.00 Uhr). Zugehörig ist die alte **Handelsstation Berggården**, u. a. ein im Stil des 19. Jhs. gestalteter Kaufladen (Ende Juni–Anf. Aug. tgl. 11.00 bis 15.00 Uhr).

## AKTIVITÄTEN
Ein Boot ausleihen, Tauchen, Küsten- oder Hochseeangeln – die Tourist-Information berät und vermittelt. Rørvik ist ein idealer Ausgangspunkt für Insel-Hopping, und die Fährboote von FosenNamsos Sjø AS (Tel. 73 89 07 00, www. fosennamsos.no) laufen u. a. die Inseln **Leka** (Höhlenmalereien) und **Sør Gjæslingan** an, das sich als ein „lebendes" Museum präsentiert; hier kann man Fischerhäuser und -hütten mieten (Informationen über Norveg-Museum, Tel. 74 36 07 70, www.kystmuseetnorveg.no).

## HOTEL
Der ehem. Bauernhof und Küstenhandelsplatz € € € **Løvøen Gård** (Insel Lauvøya, nordöstl.) ist ideal für Familien, Angler und Hobby-Ornithologen. Wohnungen und Hütten werden vermietet, auch Boote mit und ohne Skipper (Lauvøya, Tel. 97 15 16 68, www. lovoengard.net).

## INFORMATION
Turistinformasjon, N-7900 Rørvik, Tel. 74 36 07 70, www.namdalskysten.no

Genießen   Erleben   Erfahren

# Königin der Lachsflüsse

**DuMont Aktiv**

**Für das Lachsangeln** gibt es kaum ein besseres Revier in Norwegen als den Namsen mit seinen Nebenflüssen, der als eines der lachsreichsten Gewässer von Skandinavien gilt und vor etwa 200 Jahren von englischen Sportfischern „entdeckt" wurde. Von ihnen stammt auch der Ausdruck „The Queen of the Rivers".

**Nicht nur in Sachen Fischmenge** – jährlich werden hier von Hobbyanglern 20–25 t Wildlachs gefangen–, sondern auch hinsichtlich des Einzelgewichts der Lachse gebührt dem Namsen ein erster Rang unter den norwegischen Lachsflüssen; 1924 wurde hier ein Monstrum von 31,5 kg gefangen. In den letzten Jahren lag das Durchschnittsgewicht zwischen 2,9 und 4,9 kg, stets sind aber auch 20-kg-Brocken dabei. Anfänger versuchen ihr Lachsglück gerne am Fiskumfoss, wo zudem eine 291 m lange Lachstreppe einlädt. Die erfahrenen Fliegenfischer bevorzugen die oft großen Pools des Namsen, wo man von vielen Stellen gut mit dem Überkopfwurf auf Weite und damit zu den Lachsen kommt. Neben den vielen ruhigen Strecken sorgen auch einige Stromschnellen und weitere Wasserfälle für vielseitige und abenteuerliche Angelerlebnisse, und alternativ bietet sich das Schleppen mit der Fliege vom Boot aus an, wofür sich professionelle Ruderer anbieten, die ihre Reviere genau kennen.

*Stolzer geht es kaum.*

**Wer auch den Spey- oder Unterhandwurf** beherrscht, versucht sein Petriglück oft an der 18 km langen und meist 25 m breiten Bjøra, die aufgrund ihrer Wassertiefe aber nur zum Uferfischen taugt und wegen dichter Bewaldung nicht für Überkopfwürfe geeignet ist.

*Auf diese Lachsseiten wurde gewartet.*

## Weitere Informationen

Das Touristenbüro von Grong sowie www. fishnamsen.no informieren ausführlich zum Thema Lachsangeln. Die Lachssaison im Namsen läuft Juni–Aug., wobei der Juni in Sachen Durchschnittsgewicht die beste Zeit markiert, in der zweiten Saisonhälfte der durchschnittliche Fang pro Angler aber größer ist.

# Naturkunst aus Eis und Stein

„Die Landschaft ist so schön, dass es innerlich schmerzt", schwärmte Liv Ullman von ihrem Heimatland, und wo könnte dieser Schmerz größer sein als dort, wo die Natur am „norwegischsten" auftritt? In der Welt von Nordland, das sich als Symphonie in Stein und Eis entlang der Atlantikküste über den Polarkreis hinzieht. Und ob man nun auf der „schönsten Küstenstraße der Welt" nach Norden vorstößt oder entlang der binnenwärts verlaufenden Europastraße 6 – stets wird Begeisterung über die Vielzahl unvergesslicher Eindrücke Reisebegleiter sein.

Die Küstenregion von Brønnøysund kommt einem Paradies ziemlich nahe – zumindest für Wassersportler.

In unmittelbarer Nähe zum Saltfjellet-Svartisen-
Nationalpark liegt das Polarkreiszentrum. Die
Grenze zwischen gemäßigter und polarer Zone
verläuft mitten durch das Gebäude.

Immer wieder öffnet sich dem Reisenden im Nordland der Blick auf eine Landschaft
von epischer Pracht – hier auf dem Weg nach Mosjøen im Helgeland.

Das Polarkreis-Zertifikat beweist: Die magische
Grenze wurde nordwärts überschritten.

An Norwegens Wespentaille nördlich Fauske
hat man Landschaft und Straße oftmals für sich allein.

Nördlich vom 66.
Breitengrad beginnt
die Region, in der die
Sonne im Sommer
nicht untergeht – direkt
am Polarkreis bereits
einen Tag lang.

Ob zu Lande oder zur See, nördlich des Trøndelag wird es stiller, und Klippen und Berge säumen das Bild. Hervorstechendstes Merkmal dieses teilweise gerade mal sechs Kilometer schmalen, aber ungefähr 500 Kilometer langen Landesteils ist sein starker Küstencharakter. Ungezählte Inselsplitter liegen hier vor 14 000 Küstenkilometern im Nordmeer beiderseits des Polarkreises – jener magischen Schwelle, die bei ungefähr 66° 34' Nord verläuft und die gemäßigte von der polaren Zone trennt, in der die melancholischen Lieder vom Mitternachtslicht erklingen, das immer wieder scheint, zwischen Eisnacht und Eisnacht. Dann ertrinkt das ganze Land über dem Polarkreis in farbigem Licht, und man lebt wie in einem Traum.

### Götterdämmerung

Doch ob nun mittsommernachts, wenn die Berge eine Komposition aus Rot und violetten Schatten bilden, oder polarwintertags, wenn sich ein grünlich-blauer Abendhimmel über die gläsern hell erstrahlenden Berge wölbt: Stets haftet der einmaligen Landschaft etwas Unwirkliches an, denn unwirklich, ja schlicht traumhaft präsentieren sich die Berggestalten von Nordland, das wie kein Felsraum sonst von Kar-

lingen dominiert wird, jenen bizarren Gesteinsformationen, die, wie uns die Wissenschaft erklärt, ihre Entstehung dem Gletscherschliff der Eiszeiten verdanken und sich mal als lang gestreckte gratschmale Felsmauern zeigen, mal als scharfkantige Pyramiden oder zackenstarrende Trapeze, himmelhoch gereckte Obelisken oder glatt polierte Monolithen. Wagnersche Götterdämmerungs-Akkorde scheinen ständig in der Luft zu liegen, und es wirkt wie zwangsläufig, dass Nordland von fantastischen Sagen und Legenden förmlich durchwoben ist.

Nahezu jeder Gipfel hat hier eine eigene Geschichte – von konkurrierenden Königen, Liebe und Eifersucht und dem Morgenlicht, das die Wesen der Nacht zu Stein erstarren lässt. Der aus dem Meer ragende „Hut" Torghatten stammt aus dieser Sagenwelt, die Insel Leka und auch die „Sieben Schwestern", jener siebengipfelige Gebirgsstock bei Sandnessjøen, der 942 Meter hohe Vågakallen auf den Lofoten und der östlich von Fauske das Gebirgsland beherrschende 1913 Meter messende Suliskongen.

Diese sagenhaften Felswelten soll Bjørnstjerne Bjørnson, einer der größten unter Norwegens Dichtern und Verfasser auch des Nationalliedes, vor

Reißende Svartisen-Gletscherwasser gestalteten das „Marmorschloss" bei Mo i Rana (oben rechts). Der Engabre ist eine der Eiszungen Svartisens und reicht tief hinab bis dicht an den Holandsfjord (oben links und unten rechts). Bis an die Gletscher heran wird das Land genutzt, wie Hütten und Speicher zeigen (unten links).

Augen gehabt haben, als er den berühmten Spruch tat, „wenn die Vereinigten Staaten Gottes eigenes Land sind, wurde Norwegen zumindest vom Heiligen Geist gezeugt".

### Entlang der Wespentaille

Man wird auf jeden Fall überwältigt sein, sollte aber wissen, dass es zwei Wege gibt, Norwegens „Wespentaille" zu erschließen. Zum einen die größtenteils im Binnenland verlaufende Europastraße 6 und andererseits die entlang der „Außenkante" nach Norden führende Reichsstraße 17, zweifelsohne eine der eindrucksvollsten Küstenstraßen der Welt. „Kystriksveien" beginnt in Namsos und zieht sich über etwa 600 Kilometer

## „In der ganzen Natur ist kein Lehrplatz, lauter Meisterstücke."

Johann Peter Hebbel (1760–1826)

und mit nicht weniger als sechs Fährpassagen bis hinauf nach Bodø. Torghattan, Leka und die „Sieben Schwestern" liegen ebenso am Weg wie der von der Unesco als Welterbe ausgezeichnete Archipel von Vega. Weitere Höhepunkte sind der von nahezu 1600 Meter hohen Bergen bis fast ans Meer fließende Svartisen-Gletscher und natürlich der Saltstraum, gerühmt als stärkster Gezeitenstrom auf Erden. Die Europastraße hat ganz andere Reize, und geht es südlich des kulturschönen Mosjøen durch Taiga-Wälder, so weht nördlich von Mo i Rana Hochgebirgsluft über die Kältesteppe des Saltfjells. Auch zu dieser Binnenseite hin ergießt sich die Eiswalze Svartisens, Grotten führen nahebei in die Unterwelt, während sich Saltdalen als bilderbuchreife Urlaubslandschaft präsentiert.

Beide Wege haben ihre Reize, beide auch „muss" man einmal befahren haben!

Nur mit überstarken Motorbooten kann man sich in die gefährlichen Strudel des Gezeitenstroms Saltstraumen wagen – ein spektakuläres Erlebnis bei Bodø.

Dønna bei Sandnessjøen gehört zu der oft lieblich wirkenden Inselwelt der Helgelandküste.

Der Lemming

Special

# Ein sonderbarer Methusalem

**Nicht das Rentier ist der älteste Bewohner von Nordnorwegen (und aller arktischen Zonen), auch nicht Elch oder Wolf oder sonst ein Großsäuger. Vielmehr ist es ein possierlicher kleiner Nager.**

Mit nur 10–15 Zentimetern Länge und 50 Gramm Gewicht stellt er nach Meinung vieler Zoologen das einzige Säugetier (neben dem Eisfuchs) dar, das in Skandinavien die Eiszeiten überlebt hat. Wie auch immer: Das legendärste Tier des Nordens ist er sicher, denn um keines sonst wurden so seltsame Geschichten gesponnen: Alfred Brehm beispielsweise zitierte im 19. Jahrhundert die Vermutung der Nordländer, dass diese Wühlmaus, wenn sie stirbt, die Luft verpeste, wodurch der Mensch von Schwindel und Gelbsucht befallen werde, und anderen Berichten zufolge sollen sich die Nager in einer Prozession von den

höchsten Felsen aus ins Meer und in ihren Untergang stürzen. Man ahnt es schon, die Rede ist von den Lemmingen (lemmus lemmus), denen wohl deshalb so seltsame Geschichten angedichtet wurden, weil sie etwa alle drei, vier Jahre in ungeheuren Mengen aus ihren Schlupfwinkeln unter der Erde auftauchen, um sich auf ihre Wanderungen zu begeben – wobei in der Tat viele von ihnen umkommen. Warum das so ist, gilt als noch nicht gänzlich geklärt, aber man nimmt an, dass ein Boom der ungeheuer fruchtbaren Tiere – ein einziges Paar kann innerhalb eines Jahres Hunderte von Nachkommen zeugen – zum Versiegen der Nahrungsgrundlage führt. Da den Lemmingen ein Hormon zur Stressbewältigung fehlt, treibt sie die Raumnot schließlich zur Raserei und führt zu den erwähnten periodischen Wanderungen.

## Immer wieder neu geboren

Und man muss wandern! Hinaufsteigen zu den Horizontweiten des Saltfjells, dessen glitzernde Wassergeflechte die Tiefe des Universums spiegeln, und über denen als eisiger Zeitzeuge Svartisen, Norwegens zweitgrößter Gletscher, im Äther zu schwimmen scheint. Wem das zu anstrengend ist, der muss zumindest einmal am Fuß einer der beiden leicht zugänglichen Gletscherzungen Svartisens Position beziehen. Kurze Spaziergänge führen dorthin, wo organisches Leben keine Rolle bei der Gestaltung der Landschaft spielt, ganz ähnlich jener Welt, die die Sonne gesehen haben muss, als vor 13 000 Jahren die letzte Glazialzeit endete.

Keine Pflanze, kein Lebewesen bedeckt den geschundenen Boden an den Rändern der Eiswalzen. Nur ein Stück weit entfernt aber manifestiert sich bereits das erste Leben in Form von Flechten, die Fels und Stein in filigranen Miniaturen überziehen. Nichts als Strukturen scheinen sie zu sein, diese symbiotischen Pflanzen aus Pilz und Alge, und spielten als „Humusproduzenten" doch eine Hauptrolle im Prozess der Pflanzen-Wiedergeburt nach der Eiszeit. Mittels einer organischen Säure, die nirgends sonst in der Natur vorkommt, zersetzt sie den Fels, auf dem sie wächst, in einem unendlich langsamen Erosionsprozess. Ist das geschafft, können weitere Pflanzen auf die Bühne des Lebens treten. Erst die Moose, dann die Gräser, schließlich Schachtelhalm, Steinbrech und Silberwurz, die nun ihrerseits verwesend den Boden anreichern und ihn im Laufe der Zeit für höhere Pflanzen vorbereiten: für die Erle, später auch Birke und Weide, schließlich Kiefer und Fichte.

So bildet sich innerhalb nur relativ kurzer Zeit in gestern noch lebensfeindlich erscheinenden Zonen eine Vielfalt vegetativen Lebens, und was hier nur im Kleinen stattfindet, geschah nach der letzten Eiszeit in ganz Skandinavien.

Besondere Fischrestaurants

# Fisch vom Feinsten

Wer kein Risiko eingehen will und etwas ganz Ausgezeichnetes sucht, wählt fisk, der in Norwegen, dem Land der Lachse und Forellen, Dorsche und Steinbeißer, Heringe, Makrelen, Schollen und Flundern, Schellfische, Stein- und Heilbutts und so weiter, natürlich stets frisch auf den Tisch kommt.

### ① Fiskekrogen

Wenn man hier Fisch bestellt – und was sollte man hier auch sonst bestellen! – bekommt man zu grundsoliden Preisen ordentlich was auf den Teller und nicht diese Portiönchen, die in vielen Spitzenrestaurants vor allem das Auge, doch schwerlich den Magen erfreuen. Und was die Speisen angeht, genau wie die unverstellte Aussicht aufs malerische Hafenbecken, ist es ein Spitzenrestaurant, das Fiskekrogen, in dem selbst der (jetzige) norwegische König schon zu Gast war. Und es hat ihm geschmeckt.

Fiskekrogen, Dreyersgt. 29, Henningsvær, Tel. 76 07 46 52 , www.fiskekrogen.net; Mo.–Sa. 13.00 bis 22.00, So. bis 20.00 Uhr

### ② Havfruen

Nördlich von Bergen und südlich von Bodø, gibt es keine feinere Fischadresse als die „Meerjungfrau". Der in einem ehrwürdigen Speicherhaus direkt am Nidelv eingerichtete Schlemmertempel ist das älteste Fischrestaurant von Trondheim und auch das eleganteste. Man kommt, bestellt eines der monatlich neu kreierten Menüs – und denkt nicht darüber nach, was es kostet.

Havfruen, Kjøpmannsgata 7, Trondheim, Tel. 73 87 40 70 , www.havfruen. no; Mo.–Sa. ab 16.00 Uhr, die Küche schließt um 22.00 Uhr

### 4 Skarven Kro

Zum Vertshuset Skarven in Tromsø gehören mehrere Top-Restaurants: In der nach den Kormoranen, denen man vor dem Gebäude zusehen kann, benannten Örtlichkeit sind drei Lokalitäten und eine Bar untergebracht. Das Skarven Kro ist zwar „nur" ein gemütlicher Pub, doch die kleinen Gerichte, die man hier genießen kann, sind von hoher Qualität: Frische Muscheln, Algen- und Meeresfrüchtesuppe usw. Auch für Fleischesser ist gesorgt.

Skarven Kro, im Vertshuset Skarven, Strandtorget 1, Tromsø, Tel. 77 60 07 20, www.skarven.no; Mo.–So. ab 11.30 Uhr

### 3 Gapahuken

Norweger, zumindest die, die aus dem hohen Norden kommen, schwören darauf, dass Königskrabbenfleisch am besten mundet, wenn es au nature für 10 Min. im Dampf erhitzt oder in Salzwasser gekocht und dann mit zerlassener Butter beträufelt wird. Das mag ein Vorurteil sein – aber es schmeckt, und wie (!), wovon man sich im Gapahuken mit dem eigenem Gaumen überzeugen kann. Auch die Augen essen mit, vor allem aber werden sie wohl auf die große Glasfront gerichtet sein, hinter der sich der waldumschwiegene Pikevannet öffnet, durch den hindurch die Grenze nach Russland verläuft.

Sollia Gjestegård & Gapahuken restaurant, Storskog, Kirkenes, Tel. 78 99 08 20, www.storskog.no; Mitte Juni bis Ende Aug. Di.–Sa. 14.00 bis 22.00, So 15–19 Uhr

### 5 Arctandria Sjømatrestaurant

Nomen est omen, es geht um Meeresfrüchte, für die es Nordnorwegen-weit vielleicht keine angesagtere Adresse gibt als das schon mehrfach preisgekrönte Arctandria, das wie das Skarven Kro im Vertshuset Skarven untergebracht ist. Stein- und Heilbutt sowie Seeteufel und Dorsch stehen hier stets auf der Karte, die aber auch ausgefallene Gaumenfreuden bietet. So z. B. Seehundschinken mit Tangremoulade, Fisch-Eintopf mit Wal-Chorizo oder Trockenfischcreme. Renner des Hauses aber ist schon seit Jahren der gegrillte Trockenfisch sowie das täglich wechselnde Tagesmenü.

Arctandria Sjømatrestaurant, im Vertshuset Skarven, Strandtorget 1, Tromsø, Tel. 77 60 07 20, www.skarven.no; Mo.–Sa. 16.00–22.00 Uhr

# „Die schönste Küste der Welt"

*Keine andere Provinz Norwegens hat einen derart ausgeprägten Küstencharakter wie Nordland, das allein schon eine Küstenlinie von stolzen 14 000 km umfasst. Landeinwärts jedoch, wo sich die Region als Symphonie in Stein und Eis präsentiert, glaubt man sich schnell inmitten der höchsten Alpen oder Rocky Mountains.*

## ❶ Brønnøysund

Wahrzeichen ist Torghattan, berühmt als „Berg mit dem Loch". In kultureller Hinsicht ist der nahe Archipel von Vega hervorzuheben, der sich mit dem Welterbetitel schmücken darf. Das 5000-Einw.-Küstenstädtchen liegt in der geografischen Mitte Norwegens und zeigt sich als Fischerei- und Dienstleistungszentrum.

### Tipp

### Minikreuzfahrt

„Die schönste Küste der Welt" lässt sich am besten vom Wasser aus betrachten, so von den Planken eines Postschiffs. Brønnøysund ist ein guter Ausgangspunkt für solch eine Minikreuzfahrt mit der Hurtigrute: Jeden Tag um 17.00 Uhr legt hier das südgehende Schiff ab, das gegen 21.00 Uhr in Rørvik anlegt, wo man auf den nordgehenden Dampfer trifft, der sich um 21.15 Uhr auf den Weg nach Brønnøysund begibt, das er etwa 0.30 Uhr erreicht. Torghattan (Foto) wird ebenso passiert wie die Insel Leka nebst dem aus mehr als 6000 Inseln und Inselchen bestehenden Schärengarten der Vikna-Kommune und dem ebenso schmalen wie stark frequentierten Nærøysund.

**INFORMATIONEN**
Informationen und Tickets in der Tourist-Information von Brønnøysund

*Kontraste: Die Helgelandbrücke bei Sandnessjøen setzt moderne Hightech-Standards (links), während das Petter-Dass-Museum (rechts) in einem Gebäude von 1650 untergebracht ist.*

**SEHENSWERT**
Südl. vom Zentrum, am Weg zum Torghattan, wölbt sich eine 550 m lange **Bogenbrücke** über den Sund, unter der gegen 17.05 Uhr der Hurtigrute-Dampfer hindurchstampft – beeindruckend der Blick auf Schiff und Meerenge. Der 260 m hohe **Torghattan TOPZIEL** liegt 15 km südl., kann umwandert (ca. 2 Std.) und bestiegen werden (ca. 30 Min. bis zum Loch).

**INFORMATION**
Helgeland Reiseliv, Sømnaveien 92, N-8900 Brønnøysund, Tel. 75 01 80 00, www.visithelgeland.com

## ❷ Sandnessjøen

Blickfang der nördlichen Helgelandküste sind die „Sieben Schwestern". Im Nordmeer gelegene Archipele laden zu „Robinsonaden" ein. Das 6000-Einw.-Städtchen ist Ausgangspunkt für die „Landschaft unter dem Polarkreis", Zentrum der Region und dank der Erdölexploration unlängst zu Wohlstand gekommen.

**MUSEUM**
Eingebettet in eine liebliche Wald-, Wiesen-, Moor- und Strandlandschaft liegt etwa 20 km südl. das Dorf Alstahaug, wo das **Petter-Dass-Museum** an den Pfarrer und Dichter erinnert (1647–1707), dessen „Nordlands Trompet" als eines der ersten Werke norwegischer Literatur gilt (www.petterdass-museet.no; Mitte Juni bis Mitte Aug. tgl. 10.00–18.00, sonst Di.–Fr. 10.00 bis 15.30, Sa. und So. 11.00–17.00 Uhr).

**AKTIVITÄTEN**
Die „Sieben Schwestern" werden von einem **Wanderweg** erschlossen. Über diese und andere Touren berät die Tourist-Information.

**UMGEBUNG**
Zwischen Sandnessjøen und Alstahaug geht es an der sagenumwobenen Bergkette **De sju søstre** entlang. Im Meer beeindruckt die über 800 m aufragende Insel **Dønna** (Fähre rund 30 Min.) u. a. mit ihrem Panorama vom Nordwestkap aus. **Træna** (Fähre 2,5 Std.) auf dem Polarkreis ist Heimstatt von Norwegens ältestem Fischerdorf und – wie auch der für seinen Vo-

gelreichtum bekannte Nachbararchipel **Lovund** (Fähre 2 Std.) – wie geschaffen für „Robinsonaden" mit Hotelzimmer-Annehmlichkeiten.

### INFORMATION
Helgelands Reiseliv, Torolv, Skippergata 1, N-8800 Sandnessjøen, Tel. 75 01 80 00, www.visithelgeland.com

## ③ Mosjøen

Mosjøen bietet die größte Ansammlung traditioneller Holzhäuser Nordnorwegens, im Umland lockt die Taiga, und laut erschallt der „Ruf der Berge". Das Bild von der E 6 aus täuscht und zeigt eine nüchterne 10 000-Einw.-Industriestadt, die von Holzverarbeitung und heute vor allem von einer Aluminiumhütte lebt.

### SEHENSWERT
Die etwa 100 unter Denkmalschutz stehenden Wohn- und Speicherhäuser, Boots- und Lagerschuppen der **Sjøgata** zeigen sich als „lebendes Museum". Die Uferstraße umfasst die längste bewahrte Holzhauszeile Nordnorwegens, großteils noch aus dem 18. und 19. Jh.

### MUSEEN
In einem der ältesten Speicherhäuser, der Jacobsbrygga, hat das **Vefsnmuseum** eine stadthistorische Ausstellung eingerichtet (Sjøgata 31b, www.helgelandmuseum.no; Mo.–Fr. 10.00–15.30, Sa. 10.00–14.00 Uhr). Zum Vefsnmuseum gehört das **Dolstad-Dorfmuseum** mit zwölf bis über 300 Jahre alten Gebäuden (Austerbygdveien 3; Mitte Juni–Mitte Aug. Mo. bis Fr. 10.00–15.30, Sa. 10.00–14.00 Uhr).

**Tipp**

# Steinzeitleben

Rund 15 km nordw. Brønnøysunds erstreckt sich der über 6000 Inseln, Schären und Holme zählende Archipel von Vega. Hier liegen die ältesten nachgewiesenen Siedlungen Nordnorwegens (etwa 10 000 Jahre). Unesco-Welterbestätte sind sie wegen des harmonischen Zusammenlebens menschlicher und tierischer Bewohner. Seit über 1500 Jahren werden Nistplätze für Eiderenten angelegt, wofür sich die Enten mit allerfeinsten Daunen „bedanken". Ein Dokumentationszentrum im Fischerhafen von Nes und ein 3 km langer Naturlehrpfad geben Auskunft über das Leben in der Steinzeit.

### INFORMATION
Vegaøyan Verdensarv, E-huset, www. verdensarvvega.no; Mitte Juni–Mitte Aug. Di.–So. 12.00–16.00 Uhr. Fährverbindung tgl. mehrmals von Horn (10 km nördl. Brønnøysund; 50 Min.)

*An der Grønliggrotte fahren wenige vorbei.*

### AKTIVITÄTEN
Die Vefsna gilt als einer der besten **Lachsflüsse** des Landes, auch im Bereich der Sjøgata (keine Fiskekort etc. nötig). Wo sonst kann man mitten im Stadtzentrum Lachse angeln?

### HOTEL
Das hölzerne € € € € / € € € **Fru Haugans Hotel** (spätes 18. Jh.) ist das älteste Hotel Nordnorwegens und vereint Eleganz mit Gemütlichkeit (Strandgate 39, N-8656 Mosjøen, Tel. 75 11 41 00, www.fruhaugans.no).

### INFORMATION
Helgeland Reiseliv, Sjøgata 2, N-8656 Mosjøen, Tel. 75 01 80 00, www.visithelgeland.com

## ④ Mo i Rana

Das „Tor zum Polarkreisland" ist durch den Svartisen-Gletscher bekannt. Die fast 20 000 Einw. zählende Industriestadt selbst ist weniger reizvoll, bietet sich aber als Standquartier an.

### AKTIVITÄTEN
Die Polarkreisregion ist „das" Land für **Wanderer**, und als die eindrucksvollsten Touren gelten u. a. die auf den **Okskolten**, mit 1916 m höchster Berg Nordnorwegens, und die in den Bereich des **Saltfjell-Svartisen-Nationalparks**. Mit über 2100 km² ist er einer der größten des Landes und zugleich der wohl am besten erschlossene des hohen Nordens: Hunderte Kilometer Wanderwege führen durch spektakuläre Hochgebirgs- und Waldwelt; Hütten finden sich in großer Zahl. Die Tourist-Information informiert und vermittelt Wanderführer.

### UMGEBUNG
Rund 10 km nördl. ist an der E 6 der Weg zur **Grønligrotte** ausgeschildert, meistbesuchte Höhle Skandinaviens (www.gronligrotta.no; Mitte Juni–Mitte Aug. stdl. Führungen 10.00 bis 18.00 Uhr). Nahebei ist die **Setergrotte**, mit ihren beeindruckenden Felshallen eine der größten des Nordens (www.setergrotta.no; Führungen Juli tgl. 15.00 und 11.30, Mitte–Ende Juni sowie Anf.–Mitte Aug. tgl. 15.00 Uhr). 80 km nördl. durchschneidet die E 6 den Polarkreis; an dieser magischen Schwelle lädt das **Polarkreiszentrum** zu einer Multivisionsschau über hochnördliche Natur ein; hier erhält man auch das Polarkreis-Zertifikat (www. polarsirkelsenteret.no; Ende Mai–Anfang Sept. tgl. 8.00–22.00 Uhr).

Das tief eingeschnittene **Saltdal** (130 km nördl.) zeigt sich extrem: Hochgebirge, wilde Schluchten, Meer, liebliche Wälder, Felder und Wiesen. Dass hier überhaupt Straßen existieren, wundert – sie wurden während des Zweiten Weltkriegs im Wortsinn mit dem Blut tausender Kriegsgefangener gebaut. Das **Nordland-Nationalparkzentrum** nördl. vom Saltfjell an der E 6 informiert über die Nationalparks und Naturschutzgebiete in Nordland (www.nordlandnasjonalparksenter. no; Juni–Aug. tgl. 10.00–15.00 Uhr). Nahebei klafft die etwa 4 km lange **Junkerdalsura**; die Klamm, 20–50 m breit, ist an Wildheit kaum zu überbieten – aber bequem zu begehen. Die westl. Flanke des Saltdals steigt zum **Saltfjell-Svartisen-Nationalpark** an, die östl. zum 682 km² großen **Junkerdal-Nationalpark**.

### INFORMATION
Polarsirkelen Reiseliv, O.T. Olsensgate 3, N-8602 Mo i Rana, Tel. 75 01 80 00, www.visithelgeland.com

## ⑤ Bodø

Die Hauptstadt (50 000 Einw.) von Nordland ist Start- und Endpunkt der Küstenstraße R 17, außerdem Sprungbrett zu den Lofoten. Die im Zweiten Weltkrieg zerstörte Provinzmetropole präsentiert sich als Handels-, Verwaltungs- und Industriestadt im Betonkleid.

### SEHENSWERT
Vom rund 3 km vom Zentrum entfernten, 150 m hohen Rønvikfjell genießt man ein **Traumpanorama** auf Stadt, Küste, Vestfjord und bis zu den Lofoten. Vom 2. bis 10. Juli kann man hier sehr gut die **Mitternachtssonne** beobachten.

### MUSEEN
Das **Norwegische Luftfahrtmuseum** beim Flughafen informiert über die Geschichte der zivilen und militärischen Luftfahrt; Flugzeuge aus mehreren Jahrzehnten sind ausgestellt, Simulatoren laden ein (Norsk Luftfartsmuseum, www.luftfartsmuseum.no; Mitte Juni–Mitte Aug. tgl. 10.00–18.00, sonst Mo.–Fr. 10.00 bis 16.00, Sa. und So. 11.00–17.00 Uhr). Das **Nordlands Museum** erhellt die Kultur und Geschichte der Region und den Alltag der Fischer (Prinsensgate 116, www.nordlandsmuseet.no; Juni–Aug. tgl. 11.00–16.00, sonst Mo.–Fr. 9.00 bis 15.00 Uhr).

## AKTIVITÄTEN

Das Angebot an **Aktivitäten** zu Land und Wasser ist üppig – Höhepunkte sind Seeadler-Safaris und Open-Ocean-Raftingtouren mit stark motorisierten Schlauchbooten.

## VERANSTALTUNG

Die Nordland **Musikkfestuke** (Juli/Aug.) gilt als eines der bedeutendsten Kulturfestivals des Nordens und macht mit Musik aller Art von sich hören (www.musikkfestaka.no).

## EINKAUFEN

**Bertnes Geo Senter** ist eine Fundgrube für Freunde von Steinen und Mineralien (9 km östl. an der R 80, www.bertnesgeosenter.no).

## HOTELS

Das € € € €/€ € € **Bodø**, größtes und höchstes Hotel am Platz, besitzt elegante Zimmer und großartige Fernsicht (Storgate 2, N-8039 Bodø, Tel. 75 51 90 00, www.radissonblu.com). Am Bahnhof liegt das € € €/€ € **City Hotell**, ein Budgethotel mit 23 Zimmern (Storgate 39, N-8006 Bodø, Tel. 75 52 04 02, www.chotell.no).

## UMGEBUNG

Der **Saltstraumen** TOPZIEL (33 km südöstl.) ist der stärkste Gezeitenstrom. Alle 6 Std. schießt das Wasser mit bis zu 37 km/h durch eine nur 150 m breite Sundenge. Der Blick von der Sundbrücke ist beeindruckend, ebenso die Bootstour in den Mahlstrom (Saltstraumen-Erlebniszentrum; Juni–Aug. tgl. 10.00–18.00 Uhr).

## INFORMATION

Destinasjon Bodø, Tollbugata 13, N-8001 Bodø, Tel. 75 54 80 00, www.visitbodo.com

**Tipp**

## Auf zum Gletscher

. . . . . . . . . . . . . . . . . . . . . . . . . . . . . . .

Mit rund 370 km² Fläche ist der Svartisen der zweitgrößte Gletscher Norwegens, und bis zu 100 m mächtig sind die Eiswalzen seiner über 60 Arme. Am tiefsten hinab fließt Engabreen bis wenige Kilometer an den Holandsfjord. Zwischen Mitte Mai und Anf. Sept. verkehrt stdl. ein Boot ab der R 17 über den Meeresarm hinweg; 3 km sind es nun noch bis zur Gletscherzunge zu laufen oder zu radeln (Radverleih). Ebenfalls schnell erreichbar ist die Gletscherzunge des Østerdalsis; an der E 6 rund 10 km nördl. Mo i Rana ist eine Stichstraße ausgeschildert – wo sie endet, steigt man ins Gletscherboot (Anf. Juni–Ende Aug. tgl. 12 Fahrten zwischen 7.45 und 21.00 Uhr), und wieder sind es 3 km bis zur Abbruchkante des Gletschers.

## INFORMATION

Svartisen Turistsenter, Tel. 75 75 11 00, www.svartisen.no

# Radeln und Hüpfen

**DuMont Aktiv**

**Nur beim langsamen Reisen** kann die Seele Schritt halten, und wenn es ein reisegenussvolles Fortbewegungsmittel gibt, ist es das Fahrrad, mit dem man auf Inselhüpftour gehen kann. Die Verkehrsdichte ist gering, die Straßen sind gut, und da die Fahrt meist am Wasser entlangführt, sind kaum nennenswerte Steigungen zu befürchten.

**„Inselhüpfen mit dem Fahrrad"** ist im hohen Norden nirgends so abwechslungsreich wie an der Helgelandsküste. Küsten-Norwegen als Augenweide, hier ist es in Vollendung zu genießen, und die Radler-Traumroute führt ab Brønnøysund nach Vega sowie tags darauf weiter zu den Nachbarinseln Herøy und Dønna, von deren höchster Erhebung aus man alle bekannten Gipfel der Helgelandsküste vom „Rødøy-Löwen" im Norden bis zum „Berg mit dem Loch" im Süden ausmachen kann. Nächstes Ziel ist Sandnessjøen, und bis hierhin hat man radelnd 90 km zurückgelegt, wofür man im Interesse eines nachhaltigen Reiseerlebnisses zwei, eher drei Tage ansetzen sollte.

**Wer Lust auf mehr hat,** vervollständigt die Fahrt auf der Reichsstraße 17 entlang den „Sieben Schwestern" via Tjøtta und Forvik zur Rundtour und kommt so ins 71 km entfernte Brønnøysund zurück. Hierfür sind zwei weitere entspannte Tage anzusetzen, und wem auch das noch nicht reicht, der nimmt zuvor ab Sandnessjøen das Schnellboot nach Stokkvågen und erreicht nach zwei bis drei Tagen auf 102 km langer, aber etwas anspruchsvoller Tour auf der R 17 via Nesna und Levang wieder den Ausgangspunkt.

**Weitere Informationen**

Die Tourist-Informationen in Brønnøysund und Sandnessjøen sind für Radverleih zuständig, auch Einwegmiete ist möglich. Eine 24 Seiten umfassende Radbroschüre auf Norwegisch ist im Internet herunterzuladen, alle erforderlichen Karten und Adressen sind enthalten, des Weiteren radlerfreundliche Unterkünfte. Informationen auch auf Englisch bietet www.cyclingnorway.no.

*Wer im hohen Norden mit dem Fahrrad auf Entdeckungsreise geht, lernt das Land in einer Intensität kennen, die einem eine Autotour keinesfalls bieten kann.*

# In der arktischen See

Bei den Lofoten und Vesterålen scheint es, als ob „ein ungeheures Felsengebirge mit all seinen Hängen und Thälern, Zinnen und Wänden in das Meer gesunken wäre", wie es Ferdinand Krauss vor 150 Jahren in seiner „Nordlandfahrt" beschrieb. Künstler schätzten schon immer die Stimmungen dieser Archipele, von den Norwegern selbst als schönstes Ferienziel des Königreichs gepriesen. Hier geht es in erster Linie um Naturerlebnisse, doch auch das Kulturelle kommt nicht zu kurz, nehmen doch die Inseln mit ihren Fischerdörfern auch in dieser Hinsicht eine Sonderstellung ein.

Nusfjord sieht aus wie eine traditionelle Rorbu-Siedlung, ist aber heute weitgehend Urlaubern vorbehalten.

Auf einen Sprung auf Svolværgeita: Von der 300 Meter hohen Felszacke bietet sich der beste Blick auf die Lofoten-Metropole.

Vågankirka – ihrer Größe wegen auch Lofoten-Kathedrale genannt – ist die in historisierendem Stil errichtete Kirche Kabelvågs.

Nur für Mutige und Schwindelfreie lohnt sich der Aufstieg auf die Svolværgeita.

Hier ist alles „on ice": „Magic Ice" in Svolvær.

**I**m Klappstuhl auf dem Oberdeck der Fähre von Bodø nach Moskenes, die Beine gegen die vibrierende Reling gestemmt. Man traut seinen Augen nicht, was jenseits des Vestfjords auftaucht. Steil und sagenhaft steigt die bizarr skulptierte Zackenlinie der rund 150 Kilometer langen Lofotenwand bis über 1000 Meter hoch aus der arktischen See, und schon beim Annähern an die rund 1200 Quadratkilometer große Inselgruppe wird klar, warum die Wikinger den Lofoten einst den Beinamen „Insel der Götter" gegeben haben.

Zum „Archipel des Kabeljaus" wurde er aber erst 400 Jahre später, als im 13. Jahrhundert zur Hansezeit die bis heute weltbekannte Lofot-Fischerei begann, und seit Norwegenreisen für jedermann erschwinglich sind, gelten sie als „Trauminseln über dem Polarkreis".

Alle diese Illustrationen vereint das Bemühen, die Einzigartigkeit der mittels Brücken und Tunnel verbundenen Inselkette herauszustellen, die in vielerlei Hinsicht eine Sonderstellung innehat. So kann sie auf eine vom Festland unabhängige Entwicklungsgeschichte verweisen und gehört mit einem Alter von bis zu dreieinhalb Milliarden Jahren zu den „Frühgeborenen" auf Erden. Sie kennt Seen, die zu den klarsten unseres Planeten zählen und in deren Tiefen sich urzeitliches Meerwasser findet, Gezeitenströme, die zu den stärksten der Welt gehören, kennt dank Golfstrom die weltweit höchsten Temperaturanomalien, beeindruckt mit den wohl herrlichsten Stränden sowie den eindrucksvollsten Fischerdörfern des ganzen Nordens.

Superlativ auf Superlativ also, und wer einmal den 168 Kilometer langen Lofot-„Highway" von Å im Süden bis Fiskebøl im Norden befahren hat, der kann dieser Auflistung sicherlich noch viele weitere hinzufügen.

**Magnet für Künstler**

„Das Reinste des Reinen, das Kälteste des Kalten, das Unberührteste des Unberührten, das Vornehmste, was

Lofot-Fischerei ist noch großteils
anstrengende Handarbeit.

Wie eh und je wird der Fang ausgenommen
und paarweise zum Trocknen aufgehängt.

Auch wenn ihre Bedeutung immer weiter zurückgeht – die Lofot-Fischerei existiert weiterhin
und angesichts des strengen Klimas gehört die winterliche Kulisse fast immer mit dazu.

Nachdem die Netze mit dem zappelnden Schatz aufgeholt sind,
beginnt der anstrengende Teil der Lofot-Fischerei.

man sich denken kann." Mit diesen Worten brachte Christian Krogh, einer der Großen unter Norwegens Malern, die Lofoten auf einen Nenner, als er die Inselgruppe 1896 zum ersten Mal zu Gesicht bekam. Weiter schrieb er: „Aber schwierig, unendlich schwierig, das zu malen! Das Erhabene herauszubringen, die Größe und der Natur unerbittliche und unbarmherzige Ruhe und Gleichgültigkeit."

Als Erster, dem es gelang, diese schwierige Aufgabe zu meistern, gilt Gunnar Berg, ein Lofoter aus Svolvær, der seine Lebensaufgabe darin sah, die mächtige Natur der Lofoten und die besonderen Stimmungen sowohl während der Polarnacht als auch während der Mittsommerzeit darzustellen. Als ein herausragender Vertreter der Nationalromantik in Norwegen machte er die Lofoten in Künstlerkreisen schon in der zweiten Hälfte des 19. Jahrhunderts weit über die Landesgrenzen hinaus bekannt, und seither haben hier Hunderte Maler aller Schulen Inspiration gesucht und auch gefunden.

Laut Schätzungen arbeitet heute jeder Fünfte norwegische Bildkünstler auf den Lofoten, und die Darstellungen der Inselnatur bestimmen nach wie vor die Bilder – was niemanden, der hier gewesen ist, wirklich verwundern kann.

## Segen der See

Auch die Fischerei ist in einer Fülle von Ölgemälden und Aquarellen, Radierungen und Lithografien verewigt, doch handelt es sich dabei nicht um Bilder vom Hightech-Fischfang unserer Tage, vielmehr wird hier die traditionelle Lofot-Fischerei dargestellt.

Als wichtigster Saisonfischfang des Nordens bestimmte sie ein gutes Jahrtausend lang Geschichte und Kultur der Lofoten und Vesterålen, ihretwegen gründeten Wikinger im 9. Jahrhundert auf der Insel Austvågøy den Handelsort Storvågan, die Keimzelle des heutigen Kabelvåg. Storvågan war die erste das ganze Jahr über bewohnte Stadt nörd-

Bis in das 20. Jahrhundert hinein war Dorsch Hauptexportgut des Nordens, und es gab Zeiten, da nahm nahezu ein Viertel der gesamten Bevölkerung von Nordland an der Lofot-Fischerei teil. Im Jahre 1895 waren es bis zu 33 000 Fischer, und noch 1947 machten rund 20 000 Fischer 147 000 Tonnen Dorsch zu ihrer Beute – ein Rekord. Aber von da an rächte sich die gnadenlose Überfischung bei gleichzeitiger Modernisierung der Fischerboote, und im Jahr 2014 waren es gerade mal noch 38 000 Tonnen, die von rund 2400 Fischern an Land gebracht wurden. Ökonomisch gesehen, hat die Lofot-Fischerei damit kaum noch Bedeutung für Norwegen,

## Die Lofot-Fischerei hat kaum noch Bedeutung für Norwegen.

lich des Polarkreises, und aus dem Jahr 1120 ist überliefert, dass hier die erste Kirche und die ersten Rorbuer für auswärtige Fischer errichtet wurden. Sie ruderten jeden Winter zwischen Januar und April mit ihren Nordlandbooten in den Vestfjord, um den zum Laichen aus der Barentssee eintreffenden Dorsch zu fangen.

und wenn, was in Planung ist, dereinst die gewaltigen Erdölreserven, die unter dem Vestfjord schlummern, gefördert werden, ist es nur noch eine Frage von Jahren, bis lediglich Weltmeisterschaften im Dorsch-Angeln an die „gute alte Zeit" erinnern, als der Fjord wirklich noch eines der fischreichsten Gewässer der Welt war.

Einst ein Ruheplatz nach harter Arbeit, heute ein
beliebtes Urlaubsdomizil: Rorbuer

Eindrucksvoll: das Hurtigruten-Schiff „Trollfjord" unterwegs im Trollfjord
zwischen fast senkrecht aufragenden Felswänden.

Auch Rorbuer in Reine auf Moskenesøy
wurden zu Ferienorten.

Papageitaucher sind die Lieblinge aller
Nordland-Urlauber.

Vogelfelsen

**Special**

# Hochhäuser im Atlantik

In Norwegen, dessen Küstenlinie länger ist als der Äquator, stehen Land und See in ständigem Kontakt und Wechselspiel, und die Fauna der über 150 000 Inseln und Eilande, die dem Festland vorgelagert sind, besteht fast ausschließlich aus Vögeln. Ornithologen finden in Nordnorwegen ein reiches Betätigungsfeld, und ein Besuch auf einem der 20 großen Vogelfelsen gehört nicht nur für Seevogel-Freunde zu den spektakulären Erlebnissen. Die Felsen sind stockwerkartig aufgebaut: Wenige Meter über dem Meeresspiegel finden sich die Nester der Dreizehenmöwen aus Erde und Schlamm mit einer Polsterung aus Gras, Tang oder Moos. Etwas weiter oben brüten die Basstölpel, mit mehr als drei Kilogramm Gewicht die größten Seevögel der Nordhalbkugel, die aber – da ihre Bestände dramatisch geschrumpft sind – nur noch drei Vogelfelsen besiedeln. Im nächsthöheren „Stockwerk" nisten

Auch Kormorane nisten auf den Vogelfelsen

die Trottellummen und Tordalke sowie die Dickschnabellummen, und ganz oben liegen die Bruthöhlen der Papageitaucher, die mit ihren rot gebänderten Schnäbeln, roten Augenringen und roten Füßen überaus lustig aussehen. Abseits vom eigentlichen Vogelberg, auf hoch gelegenen Partien der Steilhänge, ziehen die Eissturmvögel ihre Jungen auf. Auch Seeadler errichten ihre Horste nur an den unzugänglichsten Stellen.

**Wärme aus der Karibik**

Doch was ist das Geheimnis dieses Fisch-Reichtums? Warum kommt der Dorsch zum Laichen gerade in den Vestfjord? Grund für dieses Phänomen ist einmal mehr der Golfstrom, jene natürliche „Warmwasserheizung", die ihren Ursprung im Golf von Mexiko hat. Der Golfstrom – der übrigens seit 1786 systematisch, aber immer noch nicht erschöpfend erforscht worden ist – hat eine ungewöhnlich hohe Fließgeschwindigkeit (sieben bis neun Kilometer pro Stunde), einen enormen Massetransport (bis zu 150 Millionen Kubikmeter pro Sekunde) und im Gegensatz zu vielen anderen Meeresströmungen reicht seine Wassersäule von der Wasseroberfläche bis zum Meeresboden. So sorgt der Golfstrom letztlich nicht nur für ein mild-maritimes Küstenklima vom Skagerrak bis hinauf an die Barentssee und für ein eisfreies Meer an der gesamten norwegischen Küste, sondern im Vestfjord, in den er direkt hineindrückt, für vier bis sechs Grad wärmere Wasserschichten als üblich. Genau das ist es, was die Dorsche zum Laichen benötigen, und so ziehen sie seit jeher allwinterlich in gigantischen Hochzeitszügen aus der Barentssee in den Vestfjord, der als die größte Fisch-Kinderstube unseres Planeten gilt – beziehungsweise galt. Dem

Beine – und Seele – baumeln lassen, gehört zum Lofoten-Urlaub.

An eine sagenhafte Vergangenheit erinnert das Wikingermuseum in Borg auf Vestvågøy.

Von rauer Schönheit: die an wenig friedliche Zeiten gemahnenden Exponate des Wikingermuseums

Die Lofoten bringen sich neuerdings auch gern als Winterziel ins Gespräch.

Mit einem Hauch mediterranen Flairs:
der neue Hafen von Svolværs

Nirgendwo sonst in Europa gibt es so gute Möglichkeiten, Wale zu beobachten.

Golfstrom ist es auch zu verdanken, dass der Lofotenwinter mit Temperaturen aufwartet, die im Januar und Februar 24 Grad höher sind als sonst auf gleicher geografischer Breite – die größte Temperaturanomalie auf Erden.

**Auf der Wal-Route**
Norwegens Nordwestküste, besonders die Küstengewässer um die Lofoten und Vesterålen, haben noch eine weitere interessante Besonderheit. Nirgendwo sonst in Europa gibt es so gute Möglichkeiten, Wale zu beobachten. Die zwischen Å im Lofotensüden über die Vesterålen und bis hinauf nach Senja verlaufende „Wal-Route" ist kein inhaltsleerer Werbeslogan – und auf dem Weg nach Norden eine 382 Kilometer lange Alternative zur eher langweiligen Europastraße 6.

Der Lofoten-Fährort Fiskebøl dient als „Tor zu den Vesterålen", mit einer Fläche von rund 2400 Quadratkilometern größter Archipel des Landes. Auf ihnen bestimmen rundgeschliffene Berge und ausgedehnte Moorflächen, bewaldete Hänge, Wiesen und Felder das Landschaftsbild. Gerade auch die nach Dutzenden zu zählenden Sandstrände sind eine Besonderheit dieser touristisch noch eher stillen Inselgruppe, als deren Hauptattraktion „Whale Watching" gilt,

konkret: Beobachtung von Pottwalen. Man kann aber mit ein bisschen Glück auch andere dieser perfekt an das Leben im Wasser angepassten Säugetiere zu Gesicht bekommen, und am häufigsten noch sieht man die durchschnittlich anderthalb Meter langen Schweinswale, die auch im Umfeld der Lofoten von sich sehen und, durch das Auspusten der Luft durch die Atemlöcher, von sich hören machen. Auch der rund acht Meter lange Grindwal taucht mitunter vor beiden Inselgruppen auf. Glückspilzen sind die bis zu 19 Meter langen und für ihren Gesang bekannten Buckelwale vorbehalten, und wer zwischen Oktober/November und Januar zu Besuch ist, wird garantiert Gelegenheit haben, Herden von Schwertwalen zu sehen, die dann auf der Jagd nach den großen Heringsschwärmen in den Vestfjord kommen, um sich an ihren Beutefischen gütlich zu tun. Bis neun Meter lang und sechs Tonnen schwer können die „Free Willys" werden. Dass sie fälschlicherweise als „Killerwale" bezeichnet werden, ist spätestens auf Bootstouren oder – unvergleichlich viel eindrucksvoller – Seekajaktouren festzustellen. Noch näher kommt man ihnen – „der" Adrenalinkick überhaupt – schwimmend, was auf den Lofoten, vor allem auf Austvågøy, ebenfalls zu den Angeboten gehört.

GESPRÄCH ÜBER EINEN TRAUMJOB

# Zwischen Fjord und Fjell

*Jann Engstad führt Menschen zu Fuß, mit Skiern und Schneeschuhen auf Lofoten-gipfel, mit dem Seekajak und Nordlandboot auf den Vestfjord und zu Schwertwalen, mit dem Fahrrad über den ganzen Archipel. Wie sieht sein Arbeitstag aus, was versteht er unter Ökotourismus, und was begeistert ihn am meisten an seinem Beruf?*

Es ist einer dieser unvergesslichen Mittsommertage, an denen die Lofoten in farbigem Licht ertrinken. „Die Landschaft ist so schön, dass es innerlich schmerzt", schwärmte einst die bekannte Schauspielerin und Regisseurin Liv Ullmann über ihr Heimatland – das irisierend grünblaue Meer, die vielfarbig schwarz-grau-grünen Berge. Was für ein Traumjob – wie Jann Outdoor- bzw. Multisport-Guide auf den Lofoten zu sein!

Der Eidsfjord – mit dem Kajak schon ein Meer – teilt die Vesterålen-Insel Langøy.

**Ist es das? Dein Traumjob? Oder wärst Du mittlerweile lieber ganz etwas anderes?** Oh nein! Etwas anderes zu machen, nicht ständig draußen in und mit der Natur zu sein, das möchte ich mir nicht vorstellen. Es ist schon ein oder zumindest mein Traumjob, anderen Menschen die vielschichtige Schönheit unserer Inselwelt zu zeigen. Aber es ist mehr als das, nämlich in meinen Augen auch eine Aufgabe: möglichst viele dazu anzuleiten, die Natur nicht nur zu bestaunen, sondern zu achten, zu lernen, sie unter ökologischen Gesichtspunkten zu sehen, so ein klein wenig mithelfen, dass sie nicht zerstört wird.

**Das ist ein gutes Stichwort: „Öko!" Es wird ja heute viel über Ökotourismus geschrieben.** Ökotourismus, wie ich ihn in Bezug zu meinem Bereich sehe, umfasst Aktivitäten, an denen man teilnehmen kann, ohne fossile Brennstoffe zu benutzen – oder zumindest so wenig wie irgend möglich. An denen man teilnehmen kann, ohne die Natur zu belasten oder zu verändern, Spuren zu hinterlassen. Aber auch, dass man das, was man braucht, auch vor Ort kauft: lokale Produkte also – auch das hat mit Ökotourismus zu tun.

**Kannst Du vielleicht kurz schildern, wie Du eigentlich dazu gekommen bist, Guide zu werden?** Soweit ich zurückdenken kann, war es für mich das Größte, in der Natur zu sein, und schon als Knirps haben mich meine ebenfalls naturbegeisterten Eltern mit auf Berg- und Bootstouren genommen. Als Jugendlicher habe ich dann eine Sportausbildung mit Schwerpunkt Schwimmen, Langlaufski, Volley- und Basketball absolviert, war schon mit 15 Jahren Schwimmlehrer und habe dann nach Schulabschluss noch eine zweijährige Ausbildung in „friluft" angehängt,

„Freiluft", bei der ich mit allen möglichen Freiluftaktivitäten bzw., wie man heute sagt, Outdoor-Aktivitäten bekannt wurde. Danach „juckten" dann aber erst einmal die Füße, und so trugen sie mich raus durch ganz Europa, Nord-Afrika und bis hin nach Nepal.

**Welche Sportart, von all denen, die Du anbietest, ist Dir denn selbst die liebste: Rad-, Berg- oder Segel-, See- oder Surfkajak, Fisch-, Ski- oder Schneeschuhtouren, ...?** Mit dem Seekajak unterwegs zu sein sowie mit Alpinskiern auf Gipfeltour, das ist für mich schon das Größte. Andererseits aber auch Schneeschuhtouren, denn was gibt es Schöneres, als sich früh am Morgen geräuschlos durch die Bergwelt zu bewegen, dabei Elche, Füchse, Vögel zu beobachten?

**Apropos Touren: Gehst Du, wenn schon nicht alleine, lieber mit Gruppen oder mit Einzelpersonen?** Um sich auf Touren näher kommen, vernünftige Gespräche führen, etwas vermitteln zu können, sind Gruppen besser, je kleiner sie sind, und ein absolutes Maximum sind sechs Teilnehmer bei Kajak- bzw. 15 Teilnehmer bei Fußtouren.

**Und folgst Du im Rahmen Deiner Touren stets denselben Routen?** Unter Öko-Gesichtspunkten ist es zumindest bei landfesten Touren am besten, nicht ständig neue Wege zu beschreiten, denn so vorsichtig man auch ist, so hinterlässt man in unserem empfindlichen hochnordischen Ökosystem doch stets irgendwelche Spuren, nutzt die Natur ab. Viele Guides begehen den Fehler, beispielsweise ständig neue, noch längere, noch spektakulärere Wanderrouten anzubieten. Dabei vergessen sie aber, dass auch die „alten" Wege für die Kunden stets neu sind. Nur darauf aber kommt es an! Außerdem gleicht hier nie eine Tour der anderen, denn die Lofoten leben von Licht und Wind, und die sind ständig anders, lassen alles ständig anders erscheinen.

Jann Engstad ist einer der versiertesten Outdoor- bzw. Multisport-Guides auf den Lofoten. Er wurde 1955 in Svolvær auf den Lofoten geboren, lebt heute zusammen mit seiner Lebensgefährtin und deren zwei Töchtern bei Kabelvåg, hat als Hobbys seinen Job, Berg-, Ski- und Seekajaktouren sowie Surfing (mit dem Surfkajak) und beschäftigt sich im Winter mit Ahnenforschung.

Die Mittsommersonne
hinter der Lofotenwand

**Outdoor-Guide hat aber doch auch seine gefährlichen Seiten – oder?** Dafür zu sorgen, dass es spannend ist, ohne gefährlich zu sein, ist vorrangige Aufgabe eines Guide. Dennoch wäre ich selbst einmal vor ein paar Jahren ums Haar von einem Schnellboot überfahren worden, als ich auf Paddeltour zwischen den Risvær-Inseln unterwegs war. Bei aller Vorsicht hat mich auch einmal eine Schneelawine erwischt, aber aus der bin ich, wie aus anderen widrigen Lagen auch, problemlos allein wieder herausgekommen. Und Gott sei Dank sind Gäste unter meiner Führung noch nie in eine wirklich brenzlige Lage geraten.

**Welche Warnungen möchtest Du aussprechen? Wovor muss man sich hier überhaupt hüten bei Outdoor-Aktivitäten?** Wer sich selbst über- und mögliche Gefahren unterschätzt, lebt hier umso gefährlicher, je weiter weg er von menschlichen Ansiedlungen ist. Auch Karten nicht lesen, einen Kompass nicht richtig benutzen zu können, ist gefährlich, wie auch der, der sich blind auf Wege verlässt, enorme Risiken eingeht: Die meisten Wege in den Bergen sind nämlich von Schafen und Ziegen getrampelt …

**Was muss man Deines Erachtens nach unbedingt mal gesehen bzw. gemacht haben hier auf den Lofoten?** Die Stille, die absolute Stille in der Natur einmal erlebt zu haben, das ist schon was! Und natürlich die Mitternachtssonne und das Nordlicht, die Herbststürme und strahlende Sonnentage wie heute … Aber das kann man nicht planen, und so muss man offen sein, aus dem, was ist, das Beste zu machen.

**Und schließlich: Traumjob hin oder her? Hast Du auch noch andere Träume, willst vielleicht mal um die Welt paddeln, segeln, radeln – oder was auch immer?** Gelernt habe ich „eigentlich", Holzboote zu bauen, bin also Bootsbauer, und so pflege ich seit langem den Traum, einmal einen etwa 40 bis 45 Fuß langen Katamaran zu zimmern und andere Küsten zu entdecken. Aber meine Lebensgefährtin liebt, wie auch ich, das Skifahren, und so ist es eine andere Option, einmal die schönsten Pisten verschiedener Kontinente abzufahren.

# „Die Stille, die absolute Stille in der Natur erlebt zu haben, das ist schon was …"

Aus Meereshöhen-
Perspektive wirken
die Lofoten noch
beeindruckender –
hier auf Vestvågøy.

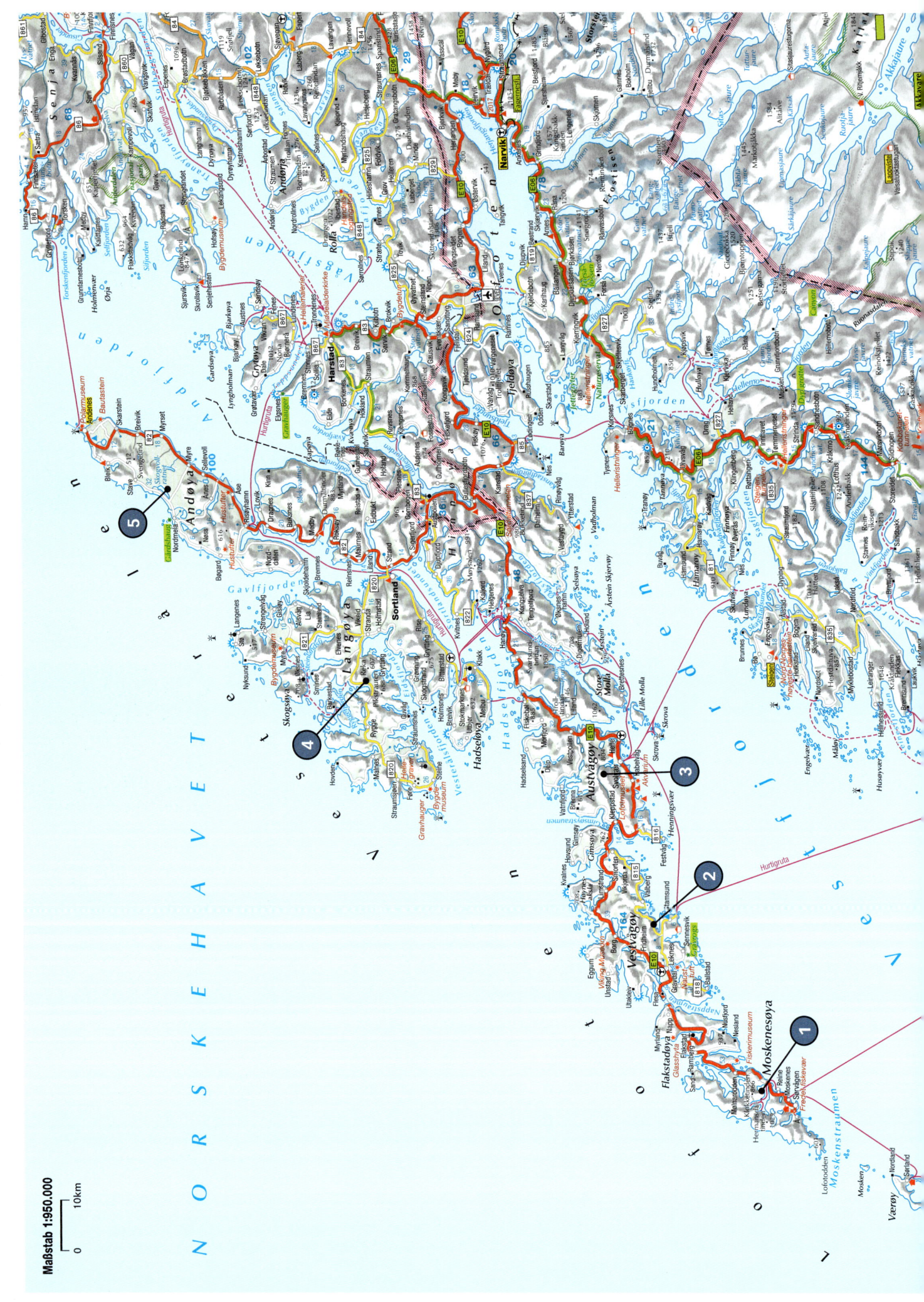

# Einzigartige Archipele

*Wer einmal die „Trauminseln über dem Polarkreis" mit ihren „Alpenkulissen, die aus Wogen steigen", ihren malerischen Fischerdörfern und ihren nahezu karibisch-schönen Sandstränden besucht hat, den werden die Inselgruppe der Vesterålen und – wohl mehr noch – der weltberühmten Lofoten immer wieder anziehen.*

## ❶ Moskenesøy & Flakstadøy

Auf beiden Inseln zeigt sich die Bergnatur der Lofoten in spektakulärsten Formen. Kultur und malerische Dörfer finden sich ebenfalls. Touristische Zentren dieser „Westlofoten" sind Reine auf Moskenesøy (120 km²) und Ramberg auf Flakstadøy (180 km²), die auch noch von der Fischerei leben.

### SEHENSWERT
Der **Kirkefjord** bei **Reine** gilt vielen als attraktivster des hohen Nordens. Die weißen Strände von **Ramberg** und **Flakstad** vor bis in den Juni schneebedeckten Bergen begeistern Fotografen. Malerisch präsentiert sich die rote Kreuzkirche Flakstads (1783), Höhepunkt von Flakstadøy ist das aus dem 19. Jh. gerettete ehem. Fischerdorf **Nusfjord** TOPZIEL.

### MUSEEN
In Å zeigt das **Norwegische Fischereisiedlungsmuseum** in 23 Gebäuden (19. Jh.) auch Trankocherei und Salzerei (Norsk Fiskeværsmuseum, www.museumnord.no; 6. Juni–31. Aug. tgl. 10.00–19.00, sonst Mo.–Fr. 10.00–16.30 Uhr). Daneben das **Trockenfischmuseum**, das Fragen zu Trocken- und Stockfisch beantwortet (Tørrfiskmuseum, www.lofoten-info.no/stockfish.htm; 20. Juni–20. Aug. tgl. 11.00–17.00 Uhr).

**Tipp**

## Urlaub im Fischerhaus

Zünftiger, uriger und romantischer als in einer Rorbu („Wohnstätte für Ruderer"), einst für Lofot-Fischer eingerichtet, kann man auf den Lofoten nicht wohnen, und da alle in Bezug auf Größe und Preis durchaus mit Ferienhäusern konkurrieren können, erfreut sich Rorbu-Urlaub größter Beliebtheit. Die typischsten Rorbuer finden sich in Reine auf Moskenesøy sowie in Nusfjord auf Flakstadøy.

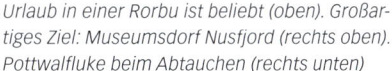
*Urlaub in einer Rorbu ist beliebt (oben). Großartiges Ziel: Museumsdorf Nusfjord (rechts oben). Pottwalfluke beim Abtauchen (rechts unten)*

### AKTIVITÄTEN
Das Touristenbüro in Moskenes organisiert **Wanderungen**, **Bootstouren** und **Fischkutter-Safaris** u.a. zur Revsvik-Höhle mit 3000 Jahre alten Malereien (Juni–Aug.).

### HOTELS UND RESTAURANT
€ € € € / € € € **Nusfjord Rorbuanlegg** umfasst das ganze Dorf, urig und komfortabel (N-8380 Ramberg, Tel. 76 09 30 20, www.nusfjord.no). € € € € **Reine Rorbuer** bietet herrlich am Kirkefjord gelegene Rorbu-Hütten (N-8398 Reine, Tel. 76 09 11 21, www.reinerorbuer.no). € € **Gammelbua** ist ein urig-rustikales Rorbu-Hütten-Restaurant (Reine/Moskenesøy, Tel. 76 09 22 22; Mai–Aug. tgl. ab 11.00 Uhr).

### INFORMATION
Turistkontor Flakstad og Moskenes, N-8390 Reine, Tel. 98 01 75 64, www.lofoten-info.no

## ❷ Vestvågøy

Schönere Strände als auf der zweitgrößten Insel des Archipels findet man kaum im Norden. Hinter zackenstarrenden Felsküsten liegt ein

**Tipp**

## Winterspaß

Auch im Winter haben die Lofoten viel zu bieten: Wenn ab Nov. die Sonne schon tief steht, zieht es Orcas in den Vestfjord; Schwertwal-Safaris stehen dann bis Jan. auf dem Programm. Ab Dez. führen Schneeschuhtouren in die Hochgebirgswelt. Ab Jan. sind die Skiloipen gespurt, spätestens im Febr. öffnen die Alpinpisten von Svolvær und Stamsund. Febr. und März stehen im Zeichen der Lofot-Fischerei, und Anf. April lockt der Ski-/Snowboardcup von Lofoten Freeride Extremsportler aus aller Welt.

### INFORMATION
Informationen von Destination Lofoten in Svolvær

landwirtschaftliches Zentrum Nordnorwegens. Die Insel (422 km²) war früh besiedelt, zählte zur Wikingerzeit wohl mehr Einw. als heute. Touristisch bedeutend, Hafenort und Fischereizentrum ist das 1000 Einw. große Stamsund.

### SEHENSWERT

Die entlang dem Vestfjord verlaufende „Traumküstenstraße" R 815 muss man einmal befahren. **Eggum** im Westen ist bei Mittsommersonnen-Anbetern bekannt. Das Trogtal von **Unstad** läuft in einen herrlichen Strand aus. „Die" Attraktion von Insel und Archipel ist aber der Strand von **Haukland, Utakleiv** benachbart, das ebenfalls ein herrliches Gestade bietet.

### MUSEUM

Das **Lofotr Wikingermuseum** TOPZIEL bei Borg an der E 10 gilt mit seinem Langhaus-Nachbau aus der Wikingerzeit als bedeutendstes Skandinaviens (www.lofotr.no; Juni–Mitte Aug. tgl. 10.00–19.00, Mai tgl. 10.00–17.00 Uhr).

### AKTIVITÄTEN

Eine der vielen **Wanderungen** führt entlang der Mittsommer-Küste von Eggum nach Unstad (ca. 4 Std.). **Angeln** ist auch hier gut möglich. Bei **Surfern** gilt Unstad als nördlichster Spot und als bester Norwegens; auf dem Unstad-Campingplatz ist Ausrüstung zu leihen.

### HOTEL UND RESTAURANT

€ € €/€ € **Skjærbrygga** umfasst 19 bald 100 Jahre alte Rorbuer am Meer und ein Restaurant, das als eines der besten Norwegens ausgezeichnet wurde (N-8340 Stamsund, Tel. 45 41 57 95, www. skjaerbrygga.no).

### INFORMATION

Turistinformasjon, Storgata 8, N-8370 Leknes, Tel. 76 08 75 53 www.lofoten.info

## Nicht versäumen!

Tipp

Fjorde gelten als Inbegriff norwegischer Landschaftsmajestät und ziehen sich bis über 200 km tief ins Land. Mit 2 km Länge winzig, konkurriert der Trollfjord sogar mit dem Geiranger, denn was ihm an Länge fehlt, hat er an Enge: streckenweise gerade 100 m breit und von bis zu 1156 m hohen Bergriesen flankiert. Es gibt 2 Std. kurze Highspeedschlauchboot-Fahrten und bis zu 5 Std. lange Fischkutter-Touren, die Preise sind identisch (um 800 NOK), die Routen variieren, doch stets geht es vorbei an den Berggiganten Store und Lille Molla und in den schmalen Raftsund, von dem der Trollfjord abzweigt.

### INFORMATION

Hafen Svolvær, tgl. mehrmals zwischen 10.00 und 16.00 Uhr

## ❸ Austvågøy

Die größte Lofoten-Insel (477 km²) ist landschaftlich die vielgestaltigste. Auch Kulturelles hat hier hohen Stellenwert. Historisch ist Austvågøy ebenfalls herausragend, stand mit Vågan hier doch 1838 die erste Stadt Norwegens nördl. von Trondheim. 1000 Jahre Zentrum der Lofot-Fischerei, lebt die Insel heute mehr als alle anderen vom Tourismus. Dessen Zentren sind die Hauptstadt Svolvær (4500 Einw.), die ehem. Lofoten-Metropole Kabelvåg (1900 Einw.) und Henningsvær (450 Einw.).

### SEHENSWERT

Höhepunkt in **Svolvær** ist die am Hurtigrutenkai gelegene Eisgalerie und -bar „Magic Ice" (www. magic-ice.no; Mitte Juni–Ende Aug. tgl. 12.00–23.00, sonst 18.00–22.00 Uhr), in **Kabelvåg** die wegen ihrer Größe auch Lofoten-Kathedrale genannte Kirche (1898; Mitte Juni bis Mitte Aug. tgl. 12.00–22.30, sonst 18.00–22.00 Uhr). **Henningsvær** ist mit dem von Landungsbrücken und Speicherhäusern eng umschlossenen Hafen als Gesamtheit sehenswert.

### MUSEEN

In Svolvær zeigt das **Nordnorwegische Künstlerzentrum** wechselnde Gemäldeausstellungen (Nordnorsk Kunstnersenter, www. nnks.no; Di.–So. 10.00–16.00 Uhr). Storvågan ist Sitz des **Lofoten-Museums** zur Geschichte, Fischereigeschichte und Küstenkultur (www. lofotmuseet.no; Juni–Mitte Aug. tgl. 10.00 bis 18.00, sonst Mo.–Fr. 9.00–15.00 Uhr) mit der angrenzenden **Galleri Espolin**, die Werke mit Lofotenbezug von Kaare Espolin Johnson (1907 bis 1994) zeigt (www.galleri-espolin.no; Juni bis Mitte Aug. tgl. 10.00–18.00, Mai 11.00–15.00 Uhr) sowie dem **Lofoten-Aquarium** (www.lofoakvariet.no; Juni–Aug. tgl. 10.00–18.00, Febr. bis Mai und Sept.–Nov. So.–Fr. 11.00–15.00 Uhr). Attraktionen in Henningsvær sind die **Galleri Lofoten Hus** mit der größten Kunstsammlung Nordnorwegens (www.galleri-lofoten.no; Mai bis Aug. tgl. 9.00/10.00–19.00, März/April/Sept. tgl. 10.00–16.00 Uhr) und die **Kaviar Factory**, ein 2013 eröffnetes Zentrum für norwegische und internationale Gegenwartskunst; auch eine Fotoausstellung sowie ein Kunstshop sind angeschlossen (Hennningsværveien 13, www.kaviarfactory.com, Mai–Aug. tgl. 10.00–18.00 Uhr).

### AKTIVITÄTEN

Schwerpunkt hier ist **Wandern**, Größter Anbieter für Outdoor-Erlebnisse ist Lofoten Aktiv (Postboks 136, N-8309 Kabelvåg, Tel. 99231100, www.lofoten-aktiv.no; s. auch S. 64); sein Programm umfasst **Wander- und Berg-, Kajak- und Fahrrad-, Segel- und Angel-, Ski- und Schneeschuhtouren**. Wer eine Rorbuhütte

*Neuromantik im Lofoten Hus: K. E. Harr*

mietet (s. S. 69), erhält meist ein Ruderboot dazu, aber in fast jedem Dorf und über jede Unterkunft werden ebenfalls Boote (sowie Angelausrüstungen) vermietet, und auch Angeltouren stehen überall auf dem Programm.

### VERANSTALTUNGEN

Herausragend sind die **Weltmeisterschaft im Dorsch-Angeln** (März/April), der **Mittelaltermarkt** in Kabelvåg (Ende Juni) und das **Kammermusikfestival** in Svolvær (Mitte Juli).

### HOTEL UND RESTAURANT

€ € € € / € € **Svinøya Rorbuer** liegen am Hafenbecken von Svolvær. Das À-la-Carte-Menü in der zugehörigen € € € **Børsen Spiseri** sucht seinesgleichen (Gunnar Bergs vei 2, N-8301 Svolvær, Tel. 76 06 99 30, www.svinoya. no; im Sommer tgl. ab 16.00, sonst ab 18.00 Uhr). Norwegens König lobte € € **Fiskekrogen** in Henningsvær (Tel.99 41 79 00; Febr.–Okt. tgl. ab 13.00 Uhr).

### INFORMATION

Destination Lofoten, Haupt-Informationsstelle für alle Lofoten-Inseln, Torget, N-8301 Svolvær, Tel. 76069800, www.lofoten.info

## ❹ Langøy

Die drittgrößte Insel Norwegens (860 km²) wird durch Fjorde nahezu zerschnitten. Hauptstadt und Zentrum der gesamten Inselgruppe ist das 4800 Einw. zählende Sortland.

### SEHENSWERT

9 km nördl. Sortland ist mit **Jennestad** einer der ehem. größten Handelsplätze in Nordland zu finden. Rund 55 km nordw. liegt die seit 1972 verlassene „Geisterstadt" **Nyksund**, einst zweitgrößter Fischerort hier; heute leben wieder eine Handvoll Einwohner fest auf der Insel und vermieten Sommerdomizile. Eine eindrucksvolle Strecke führt von Sortland am **Eidsfjord** entlang nach Skagen zur E 10 zurück.

*1000 Jahre Zentrum der Lofot-Fischerei, lebt Austvågøy heute mehr als alle anderen Inseln vom Tourismus.*

## MUSEUM

Das **Hurtigruten-Museum** informiert über die Schifffahrtsgesellschaft; dazu gehört, aufgedockt, die 1956 gebaute „Finnmarken" (Stokmarknes/Hadseløya, Markedsgate 1, www.museumnord.no; Mitte Mai–Mitte Juni tgl. 12.00–16.00, Mitte Juni–Mitte Aug. tgl. 10.00 bis 18.00, sonst tgl. 14.00–16.00 Uhr).

## AKTIVITÄTEN

Eher sanft konturiert, sind die Vesterålen ein **Wanderparadies.** Eines der Wanderzentren ist Nyksund, und vom Nachbarort aus werden **Bootstouren** zu Vogelfelsen und Seehundkolonien angeboten; außerdem sind **Walsafaris** im Programm (www.arcticwhaletours.com).

## VERANSTALTUNG

Ende Juli treffen sich Kajak-Enthusiasten zum **Arctic Sea Kajak Race** – 350–550 km geht es paddelnd um die Vesterålen (www.askr.no).

## INFORMATION

Vesterålen Reiseliv, Kjøpmannsgate 2, N-8400 Sortland, Tel. 76 11 14 80, www.visitvesteralen.com

##  Andøy

Die nördlichste Insel der Vesterålen trägt das Prädikat „wander- und familien-freundlich" und ist Ausgangspunkt für Walsafaris. Hauptort des Eilandes (488 km²) ist Andenes (2600 Einw.).

## SEHENSWERT

Der 40 m hohe **Leuchtturm** von Andenes kann über 148 Stufen bestiegen werden (www.museumnord.no; Mitte Juni–Mitte Aug. tgl. 10.00–17.00 Uhr). **Bleikstranda** (10 km südw.; www.bleik.no) zählt zu den schönsten Sandstränden des Königreiches.

## MUSEEN

Das **Hvalsenter** beim Leuchtturm ist eine der größten Ausstellungen über Wale in Europa (www.whalesafari.no; Ende Mai–Mitte Sept. tgl. 8.30–16.00, Mitte Juni–Mitte Aug.–19.00 Uhr). Das angrenzende **Polarmuseum** ist der arktischen Zone gewidmet (www.museumnord.no, Mitte Juni–Mitte Aug. tgl. 10.00–17.00 Uhr). Im **Andøya Space Center** kann man u.a. einen Film zum Thema Nordlicht sehen (Bleiksveien 46, www.romskipetaurora.no, Mo.–Fr. 10.00 bis 14.00 Uhr, Mitte Juni–Mitte Aug. auch Sa./So.).

## AKTIVITÄTEN

Vom Fischerort Bleik gibt es im Sommer tgl. Bootstouren zum **Vogelfelsen Bleiksøya**, auf dem etwa 40 000 Seevögel nisten (ca. 2,5 Std.).

## VERANSTALTUNG

Das **Internationale Meeresangel-Festival Andenes** reizt am letzten Juni-Wochenende Petrijünger aus aller Welt.

## INFORMATION

Visit Andøy Kong, Hans Gate 8, N-8480 Andenes, Tel. 41 60 58 52, www.visitandoy.info

---

*Genießen    Erleben    Erfahren*

*DuMont
Aktiv*

# Auf Walbeobachtung

**Nirgendwo sonst** in Norwegen ist die Tiefsee so nahe an der Küste wie vor Andenes, wo der Rand des europäischen Festlandsockels verläuft, dessen Nahrungsreichtum die Ursache eines stabilen Pottwal-Bestandes ist. Nur 1 Std. währt die Bootsfahrt hinaus, und die Chance einen Pottwal zu sehen, liegt bei 95–99 %!

**Jede Walsafari** beginnt mit einer einstündigen Führung durch das Walzentrum Andenes. Im Rahmen von auch auf Deutsch geführten und durch Multimediaprogramme unterstützen Touren wird ein Überblick über die Biologie der Meeressäuger und wissenschaftliche Untersuchungen vermittelt. Als Hauptattraktion gilt das Skelett eines 1996 an den Strand gespülten Pottwal-Männchens von etwa 16 m Länge. Es vermittelt einen guten Eindruck von der Größe der Pottwale – allein der Schädelknochen wiegt schon über 1 t.

**Dann geht es an Bord** der 28 m langen „Reine" und hinaus zu den Walgründen am Tiefseegraben, wo die am Schiffbug angebrachten Hydrophone eingeschaltet werden, dank derer die Passagiere die Echo-Ortungs-Klicklaute der Pottwale hören können. Je lauter es klickt, desto näher ist ein Wal und desto größer die Chance, dass er im näheren Umkreis auftaucht. Wissenschaftler und Biologie-Studenten sind als kompetente Führer mit an Bord – nicht grundlos steht diese Walsafari im Ruf, weltweit die beste zu sein.

---

### Weitere Informationen

Hvalsafari AS, Andenes, Hamnegata 1c (am Leuchtturm), Tel. 76 11 56 00, www.whalesafari.no; Ende Mai–Mitte Sept. tgl. 11.00 und 16.00, Mitte Juni–Mitte Aug.

außerdem 12.00 und 17.30, Dez.–März tgl. 10.00 Uhr. Wer keinen Wal zu Gesicht bekommt, kann sich den Preis erstatten lassen.

*Mit sehr großer Wahrscheinlichkeit können die bis zu 80 Passagiere, die an Bord der „Reine" die Walsafari mitmachen, damit rechnen, einen Pottwal zu sehen.*

# Die Essenz des Nordens

Die Region Troms, an Nordland anschließend und im Osten von der Finnmark begrenzt, zeigt landschaftlich den gleichen Formenreichtum wie die benachbarten Großräume und steht entsprechend im Ruf, ein „verdichtetes Nordnorwegen" zu sein. Dennoch wird sie meist schnell durchquert – auf dem Weg zu den berühmten Zielen. So kommt es, dass Besucher manches Kleinod oft ganz für sich allein haben. Tromsø allerdings präsentiert sich als lebendige Metropole.

Eine Besonderheit sind die im Norden des Landes angebotenen Hundeschlittentouren.

Einen Hauch von Paris verströmt die Fußgängern
vorbehaltene Storgata in Tromsø.

Fjellheisen nennt sich die Seilbahn, die zum
Tromsø-Aussichtspunkt Storsteinen hinauf führt.

Bartrobbenfütterung im arktischen
Erlebniszentrum Polaria

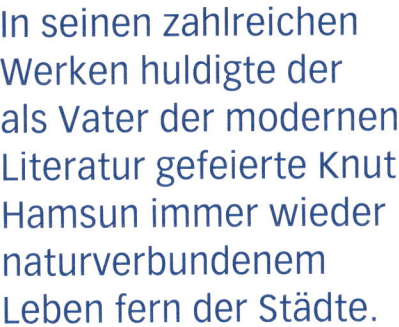

Vergangenheit und Gegenwart: In der Glasfassade der modernen
Bibliothek spiegelt sich Alt-Tromsø.

**In seinen zahlreichen Werken huldigte der als Vater der modernen Literatur gefeierte Knut Hamsun immer wieder naturverbundenem Leben fern der Städte.**

Die Landschaft der Halbinsel Hamarøy, die sich mit einem Wirrwarr von Holmen und Schären den Lofoten gegenüber in den Vestfjord streckt, bietet eine abwechslungsreiche Szenerie mit bizarren Felsskulpturen und windzerzausten Wäldern, Sandstränden voller Anziehungskraft und endlos scheinenden Ausblicken auf spiegelnde Fjorde und Sunde.

Vor allem anderen sonst aber ist die Halbinsel „Hamsuns Reich" – denn hier war es, wo der im Gudbrandsdal 1859 als Knud Pedersen geborene Knut Hamsun seine Kindheit und Jugend verbrachte und jene Natureindrücke empfing, die sich in seinen späteren Werken so ausdrucksstark niederschlagen. Endlose Sommertage und endlose Winternächte auf dem Hamsundhof wurden zu unauslöschlichen Lebenserfahrungen – in seinen zahlreichen Werken huldigte der als Vater der modernen Literatur Gefeierte immer wieder naturverbundenem Leben fern der Städte. Der von eigenen Aufenthalten bekannte „American Way of Life" stieß ihn ab, auch Kommunismus und britischer Imperialismus waren dem weit Gereisten verhasst. Die national-sozialistische „Blut-und-Boden"-Ideologie schien ihm dagegen richtig, weil an die ursprüngliche und darum „richtige" Kultur des

Menschen geknüpft. 1940 appellierte er daher anlässlich der deutschen Invasion in Norwegen an seine Landsleute mit den Worten: „Norweger! Werft das Gewehr weg und geht wieder nach Hause! Die Deutschen kämpfen für uns alle ..." Nach dem Ende des Zweiten Weltkriegs wurde er dafür schwer be- und gestraft. Beschränkte sich der norwegische Staat auf eine ruinöse Geldstrafe von 450 000 Kronen und den Versuch, den Autor von „Segen der Erde" dauerhaft in eine psychiatrische Anstalt einweisen zu lassen, so verbrannten empörte Norweger seine Bücher hunderttausendfach. Heute wird der 1952 bei Grimstad verstorbene Literaturnobelpreisträger wieder gelesen, und erst vor ein paar Jahren erklärte Königin Sonja anlässlich seines 150. Geburtstags das Jahr 2009 zum „Hamsun-Jahr".

### „Look to Narvik"

Aber vergessen ist der Krieg noch nicht in Norwegen – auch wenn die meisten Norweger einsehen, dass weit mehr als ein halbes Jahrhundert eine lange Zeit ist –, denn den meisten Norwegern ist es nach wie vor unbegreiflich, dass diejenigen, die ihnen als führendes und vor allem auch eng befreundetes Kulturvolk galten, ihr neutrales Land okkupierten. Hitler selbst soll lange gezögert haben,

Am Erzhafen zeigt Narvik seine arbeitsame Seite – hier können pro Jahr
bis zu 14 Millionen Tonnen Eisenerz umgeschlagen werden.

den Norden in seinen Krieg mit einzubeziehen, doch Eisen und Stahl waren letztlich entscheidend, und so erfolgte am 9. April 1940 die „Weserübung" als „Operation zur Sicherung der Neutralität der nordischen Staaten". Bis zur Mitte desselben Tages waren alle Häfen bis weit hinaus über den Polarkreis besetzt, vor allem Narvik war das Ziel, der größte Erzverladehafen der Welt. Damit kam Deutschland den Alliierten nur um Stunden zuvor, denn diese hatten bereits am Morgen des 8. April begonnen, norwegische Fahrwasser zu verminen.

Am 28. Mai dann eroberten sie Narvik – die erste größere Niederlage der deutschen Kriegsmacht –, und der Ausspruch „Look to Narvik" ging als Hoffnungsbotschaft um die Welt. Aber

## „Als ich zum ersten Mal diese Landschaft sah, hatte ich das Gefühl, hier hat Gott selbst Hand angelegt."

Horst Tappert auf Hamarøy

Narvik hat mehrere Gesichter – Gedenkstätten erinnern an die Besatzungszeit von 1940 bis 1945, das sportliche, freizeitorientierte Narvik präsentiert sich beispielsweise am Jachthafen.

nicht für lange Zeit, denn nur 14 Tage später musste die Stadt aufgegeben werden, in die erneut Deutsche einzogen. Fünf Jahre währte ihre Herrschaft, und als sie endete, lag Narvik in Schutt und Asche.

### Metropole des Nordens

Allein Tromsø entging als einzige größere Stadt nördlich des Polarkreises der deutschen Aktion „Verbrannte Erde", und so besitzt die kleine Metropole auch heute noch eine ansehnliche Sammlung alter Holzhäuser – obwohl sich mehr und mehr der üblichen Glaspaläste ins Milieu drängen. Mit rund 75 000 Einwohnern ist die Hauptstadt der Region Troms zudem die größte Stadt Nordnorwegens und obendrein das bedeutendste Wachs-

Der Øvre-Dividal-Nationalpark gilt als Norwegens wildeste Wildnis.

Auf dem Weg nach Narvik überquert die Europastraße 6 auch so manchen Fjord –
Badeparadies für hartgesottene Wasserratten.

Bevor der alles bedeckende Winter kommt, bietet der Norden für eine kurze Zeit eine Explosion der Farben.

Eiszeit

Special

# Gewaltige Landschaftsgestalter

**Warum die Eiszeiten entstanden – deren letzte vor rund 13 000 Jahren den Rückzug antrat –, wird immer noch kontrovers diskutiert.**

Vereinfachend gesagt, entstand die Vereisung als Folge von Klimaverschlechterungen, wobei diese freilich nicht Ursache, sondern Wirkung waren. Mit dem Einbruch der Kaltzeit fiel die Schneegrenze um bis zu 1200 Meter. Schneemassen häuften sich an, am höchsten natürlich in den Gipfelzonen der Berge, wandelten sich in Firn, dann in Eis, das sich nach Erreichen einer bestimmten Mächtigkeit als Gletscher aufgrund der Schwerkraft talwärts in Bewegung setzte. Die Gletscherströme vereinigten sich zu einer Eiskappe, die dann den ganzen europäischen Norden bedeckte; sie soll bis zu drei Kilometer dick gewesen sein. Unter ihrem Gewicht wurden große Teile der Landfläche Skandinaviens auf ein Niveau unter dem heutigen Meeresspiegel gedrückt, und

als das Eis sich zurückzog, hob sich auch der Erdboden wieder, und zwar an manchen Stellen bis zu 300 Meter. Aber die Eiswalze stauchte das Land nicht nur zusammen, sondern veränderte auch seine Oberflächengestalt. Indem sie die in Richtung des Eisstroms gelegenen Täler vertiefte und verbreiterte, entstanden Trogtäler, die – wenn längs der Küste gelegen – nach Abschmelzen des Eises und Anstieg des Meeresspiegels zu dem wurden, was wir heute als Fjorde kennen. Seitentäler hingegen, die der Eisfräse nicht so stark ausgesetzt waren, wurden zu sogenannten Hängetälern, aus denen sich heute monumentale Wasserfälle ergießen. Und wo der Eispanzer nicht durch vorgegebene Felsrinnen schürfen konnte, da rundete und glättete er alles an Gestein, was überstand, und schuf so den Relieftypus des Fjell, worunter man die hügeligen bis gebirgigen Regionen oberhalb der Baumgrenze versteht.

tumszentrum Nordskandinaviens. Weitere Superlative, deren sich die schon im Mittelalter bedeutsame Stadt rühmt: Mit einer Stadtfläche von 2558 Quadratkilometern – das entspricht immerhin rund der Größe des Saarlandes – ist sie flächenmäßig die größte Stadt Europas. Hier sind der nördlichste Bischofssitz zu finden, die nördlichste Brauerei und die nördlichste Universität. Deren etwa 10 000 Studenten haben ursächlichen Anteil daran, dass das sommers fast südländisch anmutende „Paris des Nordens" mit einem unerwarteten Nachtleben aufwarten kann – wenn es nördlich von Trondheim eine Stadt gibt mit charmant-urbaner Atmosphäre, dann ist es Tromsø, das sich in der Tourismuswerbung außerdem mit dem Titel „Tor zum Eismeer" schmückt. Schließlich haben Andrée und Carlsen, Nansen und Amundsen hier ihre Expeditionen ins Ungewisse angetreten. Kurz und gut: An Tromsø ist alles „super", und da hier auch die Winter überragend schneereich und schneesicher sind, wurde Tromsø vom Norwegischen Olympischen Komitee erwählt, sich als Austragungsort der Winterspiele 2018 zu bewerben – eine Entscheidung, die aus Kostengründen revidiert wurde, was mit Blick auf ökologische und soziale Folgen nicht nur Kritik hervorrief.

### DIE „KUH DES NORDENS"

# Acht Jahreszeiten

*Die Zahl der Rentiere in Nordnorwegen wird auf gut und gerne 300 000 geschätzt, und von allen Hirscharten ist es die einzige, die zu zähmen gelungen ist. So hat die Domestikation des wiederkäuenden Tieres die Lebens- und Wirtschaftsweise der Samen in besonderem Maße geprägt, die sie als frei umherstreifende Fleischlieferanten seit Jahrtausenden züchten.*

Eine Samin folgt zur Zeit der Frühlingswanderung
der Herde mit einem Rentierschlitten.

Man begegnet dem Paarhufer in der Taiga wie im Birkenwaldgürtel, in der Tundra und selbst auf den höchsten Gipfeln ist er im Sommer auf der steten Suche nach Flechten und Moosen unterwegs, wovon ein ausgewachsenes Exemplar täglich immerhin zwischen fünf und acht Kilogramm Trockengewicht benötigt. Natürlich tummelt sich das Rentier auch auf Straßen, und nur „Greenhorns" verfallen dem Fotofieber, wenn ihnen dort Exemplare dieses 60 bis 320 Kilogramm schweren Herdentieres begegnen, bei dem auch die Weibchen ein Geweih tragen. Wie Ausgrabungen erwiesen haben, ist den Samen die Nutzbarmachung dieses arktischen Säugers schon seit mindestens 3000 Jahren bekannt. Doch wird das Ren nicht als Haustier gehalten, sondern streift frei umher. Die damit verbundenen Wanderungen haben zwangsläufig die Lebens- und Wirtschaftsweise der Samen entscheidend geprägt, deren Tradition entsprechend nicht vier, sondern acht Jahreszeiten kennt.

## Wenn das Eis schmilzt

Im Frühlingswinter, wenn sich der Schnee über dem Waldboden in eine harte Eisdecke verwandelt, die die Rentiere auf ihrer Futtersuche nicht mehr aufkratzen können, wandern sie zu den Kalbungsplätzen ins Gebirge. Ihr nie versagender Instinkt führt die Tiere dorthin. Die Samen folgen ihnen üblicherweise nachts. Geschlafen wird tagsüber bis heute meist in Zelten. Erst bei Erreichen der Kalbungsplätze gegen Ende April wird ein festes Lager errichtet, denn hier verbleiben die Herden für mindestens einen Monat. Einst bestand es aus Birkenrinden-Gammen, heutzutage sind es Blockhütten oder kleine Holzhäuser.

## Aufbruch zu den Bergweiden

Die Geburt der Kälber leitet Ende Mai den Frühlingssommer ein, Zeit für die Wanderung zu den Sommerweiden im Gebirge, wo im Juli die Markierung der Kälber beginnt; dann werden alle Tiere mit Eigentumsmarken am Ohr versehen. Auch das Melken nimmt Zeit in Anspruch, während sich Män-

Ob im Winter oder im Sommer – noch immer sind Rentierherden für viele Samen Teil ihres Alltags.

ner und Frauen ansonsten handwerklichen Beschäftigungen widmen – deren Ergebnisse in Souvenirläden zu betrachten sind. Früher wurde sich in dieser Zeit um Kleidung, Schuhwerk, Packkörbe, Packsättel und vieles andere gekümmert, was heute nicht mehr benötigt wird.

## Der Winter naht

Der August leitet den Herbstsommer ein, in dem sich die Rentiere in tiefere Lagen zurückziehen. Dort werden sie gegen Ende des Monats zusammengetrieben, denn nun fällt die wichtige Arbeit des Auslesens von Tieren fremder Besitzer und für die Schlachtung vorgesehenen Rentieren an.

Die Restherde wird nun, im Herbst, auf die mit den Kalbungsplätzen des Frühlings identischen Brunftweiden getrieben, wo die Tiere bis Anfang November verbleiben, um sich zu paaren. Längst ist der erste Schnee gefallen, und mit den Gerätschaften, mit denen man im Frühlingswinter angereist war, geht es im Herbstwinter zu den Winterplätzen in der Waldzone zurück, die Schutz und Nahrung für den Winter bietet. Auch hier verbrachten die Samen diese Zeit ursprünglich in Zelten oder Gammen, heute meist in festen Unterkünften, und zum Hüten der Tiere, bei dem der Renhund große Hilfe leistet, ist man von Skiern längst auf Schneescooter umgestiegen.

Maßstab 1:950.000

0   10km

# Maritim und Alpin zugleich

*Ein Viertel der Landesfläche des Bezirks Troms besteht aus Inseln, und auch Tromsø, größte und sehenswerteste Stadt von Nordnorwegen, ist von Wasser umgeben. Gleichzeitig aber präsentiert sich die Region als steiles Bergland, die Landschaftsbilder wechseln oft auf engstem Raum.*

## ❶ Hamarøy

Tiefe Fjorde, steile Felsen und ein Wirrwarr von Holmen und Schären sind die Merkmale dieser zerklüfteten Halbinsel, auf der Knut Hamsun (1859–1952) seine Jugendjahre verlebte.

### MUSEEN
Das authentisch eingerichtete **Elternhaus von Knut Hamsun** ist heute Museum (Hamsund; Juni–Mitte Aug. tgl. 11.00–18.00, sonst Di.–Fr. 10.00–15.30, Sa./So. 11.00–17.00 Uhr). Das dortige **Hamsun-Zentrum** ist Leben und Werk des umstrittenen Nobelpreisträgers gewidmet (www.hamsun senteret.no).

### AKTIVITÄTEN
Zwischen Mitte/Ende Okt. und Ende Jan. werden auf dem Tysfjord tgl. **Schwertwalsafaris** veranstaltet; einer der größten Anbieter ist Orca Tysfjord (N-8275 Storjord, Tel. 75 77 53 70, www.orca-tysfjord.no). Das **Tranøy-Fyr-Aktivitätszentrum** bietet u. a. geführte Wanderungen, Ausritte, Tauch-, Boots- und Angeltouren an (Tel. 99 70 44 99, www.tranoyfyr.no).

### VERANSTALTUNG
Alle zwei Jahre finden in der 1. Aug.-Woche (wieder 2016, 2018 …) zu Ehren des Dichters die **Hamsun-Tage** statt (www.knuthamsun.no).

### UMGEBUNG
Die R 81 zwischen Ullsvåg an der E 6 und dem Fährhafen **Skutvik** bietet atemberaubende Eindrücke. Ebenso die Stichstraße zur Leuchtturminsel **Tranøy**, an deren Ende der 1864 erbaute Tranøy Fyr steht: Aus 28 m Höhe geht der Blick bis zur Lofotenwand. Unten werden Zimmer und Wohnungen vermietet – naturschöner ist es nirgends zu bekommen (**€ € Tranøy Fyr**, Tel. 99 70 44 99, www.tranoyfyr. no). Besuchenswert ist in dem Fischerort auch die Hamsun-Gallerie, die Werke bekannter norwegischer Künstler mit Hamsun-Bezug zeigen (www.hamsungalleriet.no; Mitte Juni–Mitte Aug. tgl. 12.00–17.00 Uhr). Der 1392 m hohe **Stetind** wurde zu Norwegens Nationalberg erklärt und hat eine eindrucksvolle, markante Form (an der R 827, Routen-Alternative zur E 6, über Drag und Kjøpsvik).

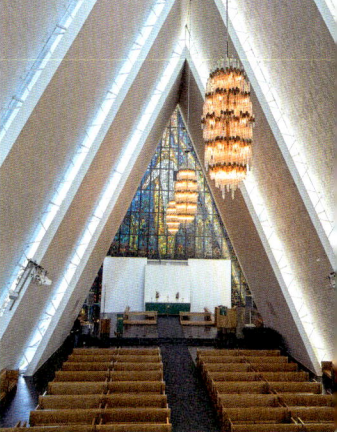

*Aussichtsplattform auf Senja (oben) – hier gehen die Uhren langsamer (rechts unten). In der Eismeer-Kathedrale in Tromsø (rechts oben)*

### INFORMATION
Reiseliv i Hamsuns Rike, Oppeid, N-8294 Hamarøy, Tel. 95 87 63 06, www.hamsuns-rike.no

## ❷ Narvik

Die Lage der Erzstadt am bergumstandenen Ofotfjord ist beeindruckend; ebenso ist es die Zahl möglicher Ausflüge und Aktivitäten. Die Geschichte des Ortes (15 000 Einw.) begann 1883 mit dem Bau der Erzbahn, die Eisenerz aus den nordschwedischen Gruben hierher an den ganzjährig eisfreien Hafen bringt. Seither ist Erz ökonomische Grundlage der Stadt, und diese in Schutt und Asche zu legen, war 1945 Hintergrund der Aktion „Verbrannte Erde" beim Rückzug der Deutschen Wehrmacht.

### SEHENSWERT
Meistfotografiertes Objekt in Narvik ist der gegenüber vom Kriegsgedenkmuseum aufgerichtete übergroße **Wegweiser**, der u. a. darauf hinweist, dass der Nordpol 2420 km entfernt ist, Hamburg 2007 km … Angrenzend dann gleich die **Stadtbrücke**, von deren Höhe aus man die **Erzverladeanlage** im Blick hat, die weltweit größte und modernste; sie kann auch besichtigt werden (Führungen über Touristik-Information; Mitte Juni–Anf. Aug. 14.00 bis 15.00 Uhr). Augenschmaus ist der Blick von der 650 m hoch auf dem **Fagernesfjell** gelegenen Bergstation der Seilbahn (Fjellheisen, www.narvikfjellet.no; 13. Juni–20. Juli tgl. 18.00 bis 1.00, 21. Juli–23. Aug. tgl. 12.00–20.00 Uhr).

### MUSEEN
Das **Ofoten-Museum** informiert über die Stadtgeschichte und den Bau der Erzbahn Kiruna–Narvik 1898–1902 (Administrasjonsveien 3, www.ofoten.museum.no, Mo.–Fr. 10.00 bis 15.00, Juli auch Sa. und So. 12.00–15.00 Uhr), während das **Kriegsgedenkmuseum** der deutschen Besatzungszeit während des Zwei-

ten Weltkrieges gewidmet ist (Krigsminnemuseet, Torget, www.warmuseum.no; Juni–Mitte Aug. Mo.–Sa. 10.00–21.00, So. 12.00–16.00, Mitte Aug.–Mitte Sept. Mo.–Sa. 10.00–16.00, So. 12.00–16.00, sonst Mo.–Fr. 11.00–15.00 Uhr).

### AKTIVITÄTEN

Wanderungen, Kajak- und Tauch-, Angel- und Fjordtouren, Klettern und Bergsteigen und Mitte Okt.–Jan. Schwertwalsafaris – die Tourist-Information informiert.

### HOTELS

Das € € € €/€ € € **Scandic Hotel Narvik** präsentiert sich als Glaspalast und beeindruckt mit dem Panorama und mit Komfort (Kongensgate 33, N-8500 Narvik, Tel. 76 96 14 00, www.scandichotels.no). Moderne Zimmer und Aussicht bietet die € € € **Breidablikk Gjestgiveri** am Hang über der Stadt (Tore Hundsgate 41, N-8500 Narvik, Tel. 76 94 14 18, www.breidablikk.no).

### INFORMATION

Destination Narvik, Stasjonsveien 1, N-8515 Narvik, Tel. 76 96 56 00, www.visitnarvik.com

## ❸ Harstad

Die 20 000-Einw.-Stadt gilt neben Tromsø als wichtigstes Handels- und Verkehrszentrum der Provinz, ist aber auch kulturhistorisch von Bedeutung, denn die Umgebung war früh besiedelt. Durch üppige Fischfangjahre im 19. Jh. kam die Stadt zu Wohlstand, es folgten Schifffahrt und -bau, die jüngsten Erdölförderungsaktivitäten bringen neue Wachstumsimpulse.

### SEHENSWERT

Nördl. des Zentrums steht die schlichte **Trondenes kirke** (um 1250), im Mittelalter bedeu-

**Tipp**

## Tolle Aussicht

........................................

Goethes Empfehlung, jede Stadt zunächst von oben kennen zu lernen, hat Hand und Fuß. Das erkennt man spätestens in 421 m Höhe des Aussichtsberges Storsteinen. Entspannt in wenigen Minuten mit der Seilbahn erreicht, genießt man die Vogelschau auf Tromsø und Tromsøya. Dahinter liegt Kvaløya, ganz links zweigt der Straumsfjord ab, und ganz rechts öffnet sich der Kvalsund zum „Eismeer". Auch ein Restaurant gibt es auf der Höhe. Wanderwege beginnen hier – in etwa 1 Std. ist die Talstation der Seilbahn zu erreichen.

### INFORMATION

Fjellheisen (Seilbahn), Tel. 77 63 87 37, www.fjellheisen.no; Mitte Mai–Mitte Aug. tgl. 10.00–1.00, sonst tgl. 10.00–22.00 Uhr

---

tendste Kirche nördl. von Trondheim; Taufbecken und Altarschreine sind herausragend (Führungen Juli–Anf. Aug. So.–Fr. 16.00 Uhr). Nahebei lädt das **Trondarnes Historiske Senter** zu einem Gang durch norwegische Geschichte von der Wikingerzeit bis in heutige Tage ein (Trondenesveien 122, www.stmu.no; Juni–Aug. tgl. 11.00–17.00, sonst Mo.–Fr. 10.00–14.00, So. 11.00–16.00 Uhr).

### VERANSTALTUNGEN

Das einwöchige **Nord Norge Festival** Ende Juni versteht sich als größtes Kulturfestival im Norden (www.festspillnn.no), und Mitte Aug. lockt das **Harstad-Festival** auch mit einem internationalen Angel-Festival.

### RESTAURANT

€ € € / € € **Gallionen** im Hotel Arcticus serviert u. a. nordnorwegische Traditionsgerichte (Havnegate 3, Tel. 77 04 08 00; tgl. 7.00–22.00 Uhr).

### INFORMATION

Destination Harstad, Sjøgata 1b, N-9486 Harstad, Tel. 77 01 89 89, www.destinationharstad.no

## ❹ Senja

Höchstens die Lofoten können es in Sachen Dramatik mit der steinernen Urwelt von Senja aufnehmen. Die mit 1590 km² zweitgrößte Insel Norwegens liegt am Ende der „Wal-Route" und ist durch eine Brücke mit der Inselhauptstadt Finnsnes auf dem Festland verbunden.

### SEHENSWERT

Dass der R 864-Abschnitte zwischen dem Fährhafen Gryllefjord und Botnhamn (südl. Laukvig) den Beinamen **Zähne des Teufels** **TOPZIEL** trägt, ist den wild gezackten, bis 1000 m hoch aufragenden Berggiganten an der Nordküste zu verdanken. Es bieten sich Abstecher in die wildromantisch gelegenen Fischerorte **Bøvær**, **Mefjordvær** und **Husøy** an.

### SEHENSWERT

Der ca. 69 km² große Ånderdal Nationalpark im Südosten der Insel beeindruckt mit tiefen Schluchten und bis 500 Jahre alten Kiefern.

### INFORMATION

Destinasjon Senja, N-9303 Silsand, Tel. 90 93 46 54, www.destinasjonsenja.no

## ❺ Målsev

Die Gemeinde gilt Wandertouristen und Lachsanglern als „Gelobtes Land". Mit dem 2500 Einw. großen Zentrum Setermoen und dem Bardufoss-Flughafen ist sie seit 70 Jahren ein wichtiger Militär-Standort in Nordnorwegen.

### SEHENSWERT

Beim **Målselvfoss** ergießt sich der Målselv auf 600 m über Dutzende von Katarakten. Ein Panoramapfad begleitet dieses Naturschau-

---

*Am Hafen von Tromsø – am Brückenfuß leuchtet die Eismeer-Kathedrale auf.*

spiel. Vom Wasserfall aus genießt man zudem die mit Abstand eindrucksvollste Aussicht auf den gletschergekrönten **Istindan** (1490 m).

### AKTIVITÄTEN

Kanu- und Fußwanderungen, Schneeschuh-, Ski- und Hundeschlittentouren sind die Spezialität der Huskyfarm von Björn Klauer (Innset, N-9250 Bardu, www.huskyfarm.de). Für Angler sind die Flüsse und Seen ideal, und der Målselv selbst ist ein hervorragendes Lachsgewässer.

### UMGEBUNG

Im 25 km südl. Setermoen gelegenen **Polar Park** sind Bären und Wölfe, Luchse und Vielfraße, Elche, Rentiere, Moschusochsen und viele andere arktische Arten in natürlicher Umgebung zu beobachten (R 847, www.polarpark.no; Juni–Aug. tgl. 9.00–18.00, sonst Mo.–Fr. 9.00–16.00, Sa. und So. 12.00–16.00 Uhr).

### INFORMATION

Målselvfossen Turistsenter, Postboks 1042, N-9326 Bardufoss, Tel. 77 83 27 30, www.maalselvfossen.no

## ❻ Tromsø

Das „Tor zum Eismeer" ist größte und urbanste Stadt des hohen Nordens. Die Universitätsstadt (seit 1972) mit rund 75 000 Einw. entwickelte sich auf der im Balsfjord gelegenen und bereits in vorgeschichtlicher Zeit besiedelten Insel Tromsøya um eine 1252 errichtete Kirche. 1794 erhielt Tromsø Stadt- und Handelsrechte, wurde 1803 Bischofssitz und war ab 1820 Ausgangspunkt zahlreicher Arktis-Expeditionen.

### SEHENSWERT

Die berühmte **Eismeer-Kathedrale** (Ishavskatedralen, 1965) wurde von Jan Inge Hovik entworfen; beeindruckend ist das 140 km² große Glasmosaik (www.ishavskatedralen.no; Juni bis Mitte Aug. Mo.–Sa. 9.00–19.00, So. 13.00–19.00, sonst tgl. 15.00–18.00 Uhr; Orgelkonzerte Juni/Juli tgl. 14.00 Uhr, Mitternachtssonnenkonzert Juni–Mitte Aug. tgl. ab 23.30 Uhr). Im Stadtkern lohnt ein Spaziergang entlang der Skippergata und der Sjøgata, die beide zur Storgata führen, dem urbanen Zentrum. Dort findet sich mit der **Domkirche** (1861) der nördlichste protestantische Dom der Welt und einer der größten des Landes. Stadtauswärts lädt am Tromsøysund das Erlebniszentrum **Polaria** zum Besuch der Arktis ein (www.polaria.no; Mitte Mai–Aug. tgl. 10.00–19.00, sonst 10.00–17.00 Uhr).

### MUSEEN

Das **Polarmuseum** im Zentrum informiert über die Forschungsaktivitäten in den Polarregionen, v. a. über die Expeditionen von Nansen und Amundsen (Søndre Tollbugt, www.uit.no/polarmuseet; Mitte Juni–Mitte Aug. tgl. 9.00 bis 18.00, sonst tgl. 11.00–17.00 Uhr).
4 km außerhalb (erreichbar mit Bus Nr. 34) liegt mit dem **Tromsø-Museum** TOPZIEL die wohl bedeutendste Ausstellung des hohen Nordens. Es bietet mehrsprachig Informationen zu Geologie, Flora, Fauna, Samen- und Kirchenkunst, Kulturgeschichte und Volksmusik; ebenfalls lohnend ist ein Besuch im Aquarium sowie in der Freilichtabteilung (Lars Thørings veg 10, www.uit.no/tmu; Juni–Aug. tgl. 9.00–18.00, sonst Mo.–Fr. 10.00–16.30, Sa. 12.00–15.00 und So. 11.00–16.00 Uhr).

### VERANSTALTUNGEN

Etwa 60 Veranstaltungen gibt es rund ums Jahr, u. a. das winterliche **Internationale Filmfestival** (www.tiff.no), das **Nordlichtfestival** (www.nordlysfestivalen.no) im Jan., das **Riddu-Riddu-Festival**, ein Musikfestival ethnischer Minderheiten im Juli (www.riddu.no), das **Bier-Festival** (Øl Festivalen, www.festivalinord.no) im Aug. und schließlich der **Weihnachtsmarkt** ab Ende Nov.

### HOTELS UND RESTAURANTS

€ € € **Ishavshotel** hat eine unvergleichliche Lage mit Blick auf Sund, Eismeerkathedrale und Berge (Frederik Langes gate 2, N-9008 Tromsø, Tel. 77 66 64 00, www.scandichotels.no). Das € € € / € € € **With** ist ein edles Kaihotel (Sjøgata 35, N-9291 Tromsø, Tel. 77 66 42 00, www.choicehotels.com). Das € € **AMI Garni-Hotel** liegt zentral (Skolegata 24, N-9008 Tromsø, Tel. 77 62 10 00, www.amihotel.no). € € € / € € **Compagniet Restauration** ist Nordnorwegens Schlemmer-Tempel (Sjøgata 12, Tel. 77 66 42 22; Mo.–Sa. ab 15.00 Uhr). € € € **Emma's Drømmekjøkken** stellt sich als „Kunstwerk, in dem alle Gourmetträume wahr werden" vor, wie unlängst eine der größten norwegischen Tageszeitungen urteilte (Kirkegata 8, Tel. 77 63 77 30; Mo.–Sa. ab 18.00 Uhr).

### AUSGEHEN

Das wohl nördlichste Rock-Café **Blå Rock** lockt mit Superstimmung, Wochenend-Rocknächten und der größten Bierauswahl im hohen Norden (Strandgata 14). **Compagniet** gilt als eine der „In"-Adressen für gesetzteres Publikum (Sjøgata 12).

### INFORMATION

Visit Tromsø, Kirkegata 2, N-9253 Tromsø, Tel. 77 61 00 00, www.visittromso.no

DuMont
Aktiv

# Auf festem Gleis

**Dramatisch sind alle Wege,** die nach Narvik hinein- und aus Narvik hinausführen. Auf keiner Strecke aber wird man dessen besser gewahr als mit der Ofot-Bahn, die Teil der Erzbahn ist und Narvik mit Luleå am Bottnischen Meerbusen verbindet. Der spektakulärste Abschnitt ist derjenige zwischen Narvik und Riksgränsen, der auf dem Bjørnfjell gelegenen Grenzstation zu Schweden.

**Die Eröffnung** der Erzbahn 1902 war ein Fest der Nation, und ein Fest für die Sinne ist es, sich auf dieses „Abenteuer auf festem Gleis" einzulassen. Auch der berühmte „Lapplandzug" von und nach Malmö, mit 2147 km eine der längsten Eisenbahnstrecken Europas, folgt dieser einspurigen Trasse, die bis zur Grenze hinauf, etwa 50 Min. entfernt, einen Höhenunterschied von 520 m bewältigt und dabei 21 Tunnel passiert. Er verkehrt einmal täglich, auch ein Panoramawaggon ist angekoppelt, aber zusätzlich ist auf der Strecke auch zwei- bis dreimal täglich der Lokalzug „Rallarrosen" unterwegs.

**Dann geht es in Narvik los** – man sollte links sitzen – und langsam, denn die zu bewältigende Steigung ist beachtlich, geht es entlang steiler Felswände in die Höhe. Bald kann man die Lage der Stadt auf einem schmalen Saum zwischen dem Ofotfjord und den Wurzeln himmelstürmender Berge bewundern, und vor allem der Blick hinunter in den direkt neben der Trasse senkrecht abfallenden Rombaksfjord ist von eindringlicher Schönheit.

**Auf dem Rückweg** bietet es sich an, in beispielsweise Katterat oder Rombak auszusteigen, von wo aus man über vorbildlich markierte Wege zum Rombaksfjord hinunter oder nach Narvik zurückwandern kann.

### Weitere Informationen

Das Zugticket von Narvik nach Riksgränsen kauft man im Bahnhof von Narvik, vorherige Reservierung ist in der Regel nicht erforderlich. Über die Wanderung zurück informiert die Tourist-Information der Stadt, und im Ofoten-Museum kann man die Broschüre „Auf den Spuren der Wanderarbeiter" erstehen, in der die schönsten Wanderabschnitte genau vorgestellt werden.

*Die Bahn fährt immer – auch im strengen nordischen Winter.*

# Letzte Station vor dem Pol

Fotos von den eisverbrämten Lyngen-„Alpen" zieren die Umschläge der Nordnorwegen-Bücher, sofern sie nicht den weltberühmten Nordkapfelsen zeigen. Nicht minder eindrucksvoll sind die Fjorde am Dreiländereck zwischen Norwegen, Schweden und Finnland und tief eingeschnittene Canyons, in die sich gischtende Wasserfälle ergießen. Östlich von Tromsø verläuft die Europastraße 6 von einer nördlichsten Einmaligkeit zur anderen, und selbst wer vorwiegend „nordkaporientiert" ist, sollte sich Zeit nehmen, dieses auch kulturell ungemein interessante Wildnisgebiet hin zur Nordkapinsel in Ruhe zu entdecken.

Blick nach Nordwesten auf den Fjord Kvænangen:
Kvænangstindan zwischen Storslett und Alta

Nordnorwegens noch wenig erschlossene Lyngen-„Alpen" sind etwas für konditionsstarke Extremsportler.

Allen neuen Tunneln und Brücken zum Trotz: Fähren gehören im Norwegen der Fjorde zum Alltag – hier am Hafen von Rotsund.

Ein besonderes Erlebnis: eine winterliche
Bergtour hoch im Norden Norwegens

Hinter dem „Tor zum Nordkap",
wie das inmitten einer durchaus
lieblichen Landschaft gelegene
Alta gern genannt wird, sind es noch genau 236 Kilometer bis zum nördlichsten
per Straße erreichbaren Punkt der Welt.
Lange Wohnmobil-Konvois und Ver-
kaufsstände von „Postkarten-Samen",
die aus dem Nomadentum vergangener
Tage eine inszenierte Show veranstalten,
bestimmen das Bild der schon längst
zur erschütterungsfreien Rollbahn aus-
gebauten Europastraße 6 – aber auch
authentische Kulturerlebnisse sind im
Nordkapland durchaus noch möglich,
und der Anblick von Bilderbuchland-
schaften kommt ohnehin nicht zu kurz.

### Eine großartige Kulisse

Von Tromsø aus sind es nur rund 70
Kilometer zurück zur Europastraße 6, die
das „Nordkapland" erschließt. Und hinter
dem nächsten Berg sozusagen beginnt es
schon mit dem Lyngenfjord, der die Reise
für die nächsten 100 Kilometer begleitet.
100 Kilometer Augenschmaus, denn jenseits der keilförmig ins Land greifenden
Wasserstraße erhebt sich Lyngen mit
den „Alpen" Nordnorwegens.

Sie gelten als eine der imposantesten
Bergketten des Kontinents und werden
von Dutzenden bis 1800 Meter hoch aufragenden Gipfeln gebildet. Wegen der

extremen Topografie der Halbinsel ist
ihr Binnenland kaum erschlossen, und
Gipfel bleiben erfahrenen Bergsteigern
vorbehalten. Vereinzelte Bergwander-
wege gibt es, und wem es nicht reicht,
die gestaffelten Felsskulpturen, behan-
gen mit grünblau schimmernden Glet-
scherströmen, die in rissigen Wellen in
die Tiefe drängen, vom Autofenster aus
zu betrachten, kann von den Dörfern
Koppangen, Furuflaten oder Jægervatn
per pedes in die nahezu unberührte
Natur gelangen.

### Zum Dreiländereck

Die Tour gen Norden unterbrechen hin
und wieder, wie mit der Axt geschlagen,
tiefe Talkerben ins steil ansteigende
Landesinnere, und auch wer in Eile ist,
sollte sich einen Abstecher dort hinein
gönnen. Etwa ins Skibotndal, dem die
Europastraße 8 zum rund 50 Kilometer
entfernten finnischen Kilpisjärvi nahe
dem Dreiländereck mit Schweden und
Norwegen folgt. Im Herbst ist kaum eine
schönere Route vorstellbar, auf der man
dann zwischen den Jahreszeiten hin-
und her springen kann: Auf dem Fjell
herrscht die Farbenpracht eines „Indian
Summer", die Berge über Kilpisjärvi tragen bereits ihr weißes Winterkleid, während in Skibotn am Taleingang noch der
Sommer erfreut.

Helleristninger werden die steinzeitlichen
Felsbilder im Land genannt.

Hjemmeluft gehört wegen seiner Helleristninger
heute zum Alta-Museum.

### Ausbeutung und Bewahrung

Auch nach den nächsten Etappen gibt es reichlich Gelegenheiten, das Auto zu verlassen. Denn das Boot ist das angemessene Verkehrsmittel, um dem wilden Reisadal durch den gleichnamigen Nationalpark zu folgen oder von Alta aus dem Altaelv durch den größten und spektakulärsten Canyon von Nordeuropa. Die Eindrücke in den Tiefen der Schlucht sind überwältigend – angesichts derer scheint es unfassbar, dass norwegische Ingenieure in den späten 1960er-Jahren den Traum hegten, den bis zu 425 Meter tiefen und vierzehn Kilometer langen Canyon in einem Stausee zu ertränken. Dieser Plan scheiterte dank einer von ganz Europa getragenen

> „Hier, wo die Welt endet, nimmt meine Neugier ein Ende, und ich kehre zufrieden nach Hause zurück!"
>
> Pfarrer Francesco Negri 1664 am Nordkap

Protestwelle, aber Hunderte andere Staudämme sind überall im Land längst Realität und haben Norwegen andererseits in die beneidenswerte Situation versetzt, seinen Energiebedarf nahezu komplett mit Wasserkraft decken zu können. Dass dadurch auch viele Wasserfälle des Landes verschwanden, ist nur eine von zig Konsequenzen.

Ein viel größeres Problem zeigt sich im Zusammenhang mit der Barentssee, einem der fischreichsten Gewässer der Welt und von herausragender Bedeutung für die Fischpopulation im gesamten Nordatlantik: Hoffnungslos überfischt, wird sie nun auch mit Bohrinseln gespickt und mit auf den Meeresgrund versenkten automatisierten Ölbohrfabriken. Allen Protesten zum Trotz ist man an die Förderung gegangen. Die Zukunft von

Die „Festmacherstelle" – das bedeutet der Name Hammerfest – war im 19. und 20. Jahrhundert ein Hafen der Walfänger und Fischer.

Das Rathaus von Hammerfest beherbergt den weltberühmten Isbjørnklubb – seine Mitgliedsbeiträge finanzieren das kleine Museum.

Zu Mittsommer sorgt die einzigartige Stimmung am Nordkap
für ein ganz besonderes Erlebnis.

Manchmal ist es von Vorteil, das Sehnsuchtsziel aus der Entfernung zu
betrachten: Nordkapfelsen mit der Klippe Hornet.

Durch das Felsenloch Kirkeporten blickt man auf die Klippe Hornet am Nordkapfelsen.

Am Nordkap: ein Skulpturenpark zum Thema Kinder der Welt und Frieden auf Erden

**Special**

# Mücken & Co.

. . . . . . . . . . . . . . . . . . . . . . . . . . . . . .

„Die Mücken kommen und gehen mit den Touristen", so die Samen: Vor Mittsommer streifen nur wenige durchs Land, und das Gros ist abgefahren, wenn Mitte August die Mückensaison endet. Aber Fluch ist nicht gleich Fluch! Die Stechmücke kennt jeder. Doch wer die „schwarze Fliege", die Kriebelmücke? Sie ist so klein, dass man sie meist nicht sieht, oder wenn, dann zu spät. Übel sind auch Bremsen, die mancherorts gleich dutzendweise auflauern. Nicht zu vergessen die gewöhnliche Fliege, die durch ihren Drang, in Nase, Mund und Ohren einzudringen, malträtiert. Den besten Schutz bietet nicht zu eng anliegende Kleidung. Unbedeckte Stellen kann man mit Chemiekeulen einreiben, draußen hilft ein Feuer, auf das man grüne Äste oder Gras legt, drinnen – stinkende – Räucherspiralen.

Nordnorwegen wird von einem Fischer oder Ingenieur eben anders gesehen als von einem Greenpeace-Mitglied. Einem Rentiere züchtenden Samen bedeutet das Land etwas ganz anderes als Touristen. Gerade hier im ökologisch sensiblen Norden wird sehr deutlich, dass auf Naturenklaven beschränkter Umweltschutz global gesehen vergeblich ist. Daraus folgt die Forderung, die Wirtschaftssysteme ökologisch umzubauen und zu begreifen, dass die Freiheit des Menschen dort enden muss, wo sie die Existenz anderer Erdbewohner bedroht.

### Am „Ziel der Ziele"

Vom „Ziel der Ziele" gibt es zwei, und in Skaidi steht man vor der Qual der Wahl, ob auch Hammerfest, die nördlichste Stadt der Welt, besucht werden soll oder nur das Kap selbst. Ein Urteil soll hier nicht gefällt werden, doch sei als Grundlage für die Entscheidung gesagt, dass

man eben nur in Hammerfest Mitglied der „Royal and Ancient Society of Polar Bears" mitsamt Eisbärenzertifikat und Eisbärenanstecknadel werden kann, was der überwiegenden Zahl Reisender ein großes Bedürfnis zu sein scheint.

Sonst gibt es dort nicht viel zu sehen, wohingegen man vom 307 Meter senkrecht ins Meer fallenden Schieferfelsen des Nordkaps in die ungeheure Weite

## Das Nordkap wird Jahr für Jahr von mehr als einer Viertelmillion Touristen besucht.

Richtung Pol spähen kann, um den sich die Erde dreht. Das ist ein Höhepunkt, der Jahr für Jahr von mehr als einer Viertelmillion Touristen gesucht wird, wie auch die allermeisten Besucher anschließend in den betongefassten Bau der Nordkaphalle steigen, um das Nordkap-Zertifikat zu erwerben sowie die Mitgliedschaft im Königlichen Nordkap-Club nebst den Nordkap-Briefmarken, die man dann vom Nordkap-Postschalter mitsamt Nordkap-Stempel natürlich auf Nordkap-Postkarten versendet …

Einzigartige Unterkünfte

# Schneehotels und Leuchttürme

Ob Sie sich in einem Architekturtraum aus Glas dem Luxus hingeben oder sich in einem Iglu-Hotel auf Eis betten wollen, ob Sie die Freiheit eines eigenen Leuchtturms „am Ende der Welt" oder Ihr Urlaubsglück in einer „Wohnstätte für Ruderer" suchen, wenn nicht in einem schwimmenden Eiskristall: Norwegen macht's möglich.

## ① Elementar

Snøhetta, eines der profiliertesten Architekturbüros auf Erden, hat sich nun den Lofoten zugewandt, dort ein Refugium zu errichten, das seinen Gästen die Erfahrung schenken soll, wie es ist, mitten in der Natur zu leben und dort von allen Elementen umgeben zu sein. Das ist ein extremer Anspruch, dem man dadurch gerecht werden möchte, dass das Gebäude in organischer Ringform auf einer Fels-Halbinsel errichtet wird. So ist es auf drei Seiten vom Meer umgeben,

im Rücken hingegen von der Lofotenwand. 11 000 m² Fläche soll es haben und sich um einen zentralen Innenhof schmiegen, wo u. a. Spas, Meerwasserbecken und ein Amphitheater einladen.

Lofoten Opera Hotel, Glåpen/Sørvågen, Moskenesøy, Lofoten; die Bauarbeiten haben begonnen, der Zeitpunkt der Fertigstellung ist noch offen, Informationen über die offiziellen Fremdenverkehrsämter, s. S. 69

## ② Wohnstätten für Ruderer

Wo sonst, wenn nicht auf den Lofoten, könnte man von der Unterkunft aus direkt ins Boot springen oder auch die Angel auswerfen? Die Rede ist von den Rorbuer (s. S. 69), denn wie es sich für eine „Wohnstätte für Ruderer" gehört, stehen sie entweder auf Pfählen bis zu den Knien im Wasser oder

wenigstens direkt daran. So auch die 25 Henningsvær Rorbuer, die zwar restauriert wurden, aber zumindest teilweise noch sehr authentisch eingerichtet sind.

Henningsvær Rorbuer, Banhammeren 53, Henningsvær, Tel. 76 06 60 00, www.henningsvar-rorbuer.no

## ③ Glastraum in Keilform

Wie ein gigantischer Keil aus Glas ragt seit 2014 das The Edge elf Stockwerke hoch in den Tromsøsund hinaus. Die Aussicht, die sich von den 220 hightech-schicken Zimmern aufs Meer, die Berge und die Stadt bietet, ist einfach atemberaubend, auch wenn sich das allerprächtigste Panorama erst im 11. Stockwerk von der Skybar aus öffnet, die schon kurz nach Eröffnung des Hotels im Ruf stand, die vielleicht trendigsten Adresse der Stadt zu sein.

Clarion Hotel The Edge, Kaigata 6, Tromsø, Tel. 77 66 84 00, www.nordic choicehotels.com

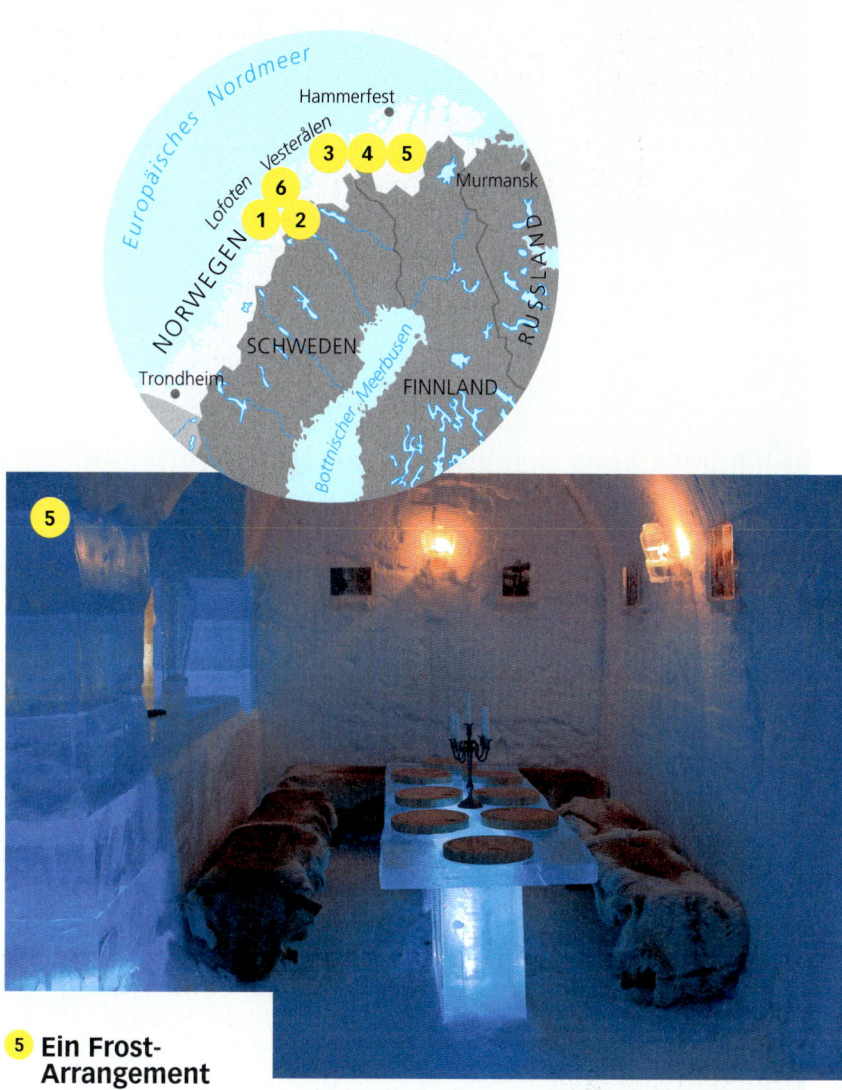

### 4 Kristallklar

So kristallklar die Winternächte in Tromsø oft auch sind, so eiskalt können sie auch sein. Damit man als nordlichtbegeisterter Reisender dennoch zu wohligen Temperaturen in den Hochgenuss des Schauspiels auf himmlischer Bühne kommen kann, hat ein niederländisches Unternehmen für schwimmende Strukturen ein Hotel entworfen, das alles in den Schatten stellen soll, was es bislang an Architekturverrücktheiten weltweit bereits gibt. Kristall soll sein Name sein, denn wie ein Schneekristall wird es fünfsternig sein, was auch dem Hotelgrad entsprechen wird. Und es wird aus Glas sein. Und schwimmen – nahe Tromsø auf einem Fjord. Ab Ende 2016!

Informationen wird es ab Sommer 2016 über die Touristeninformation in Tromsø geben, s. S. 85

### 5 Ein Frost-Arrangement

Wenn gegen Mitte Januar in Alta die Polarnacht endet, öffnet das Alta Igloo Hotel seine Pforten. Diese sind aus Eis, genau wie die Wände, die Zimmer, das Mobiliar, ja sogar noch die Betten aus dem blau schimmerndem Material bestehen. Die Gesamtfläche dieses mit Eisskulpturen geschmückten Frost-Arrangements beläuft sich auf über 2000 m², und nicht weniger als 30 Zimmer laden ein, bis dass die Strahlen der wärmenden Sonne gegen Ende März den glitzernden Eispalast zum Schmelzen bringen.

Sorrisniva Igloo Hotel, Sorrisniva 20, Alta, Tel. 78 43 33 78, www.sorrisniva.no

### 6 Once upon a time ...

Es war einmal eine kleine Insel. Auf der gab es nichts, nur einen Leuchtturm, und darin konnte man wohnen ... So könnte auch ein Märchen anfangen, aber es ist keines, denn Litløy, die „kleine Insel", gibt es wirklich, darauf steht tatsächlich ein rund 100 Jahre alter Leuchtturm – und ja: dort kann man auch wohnen! Zur Zeit zwar noch nicht im achteckigen Turm selbst (das ist in Planung), sondern im Haus des ehemaligen Leuchtturmwärters. Das ist schick ausgestattet mitsamt einer Bibliothek vor dem offenen Kamin, und allgegenwärtig ist das Traumpanorama auf den offenen Nordatlantik zur einen, die majestätische Lofotenwand zur anderen Seite. Und jede Menge Ruhe und Besinnlichkeit.

Litløy Fyr – Lighthouse Litleisland, Vesterålen, zurzeit nur online erreichbar über www.littleislandlighthouse.com

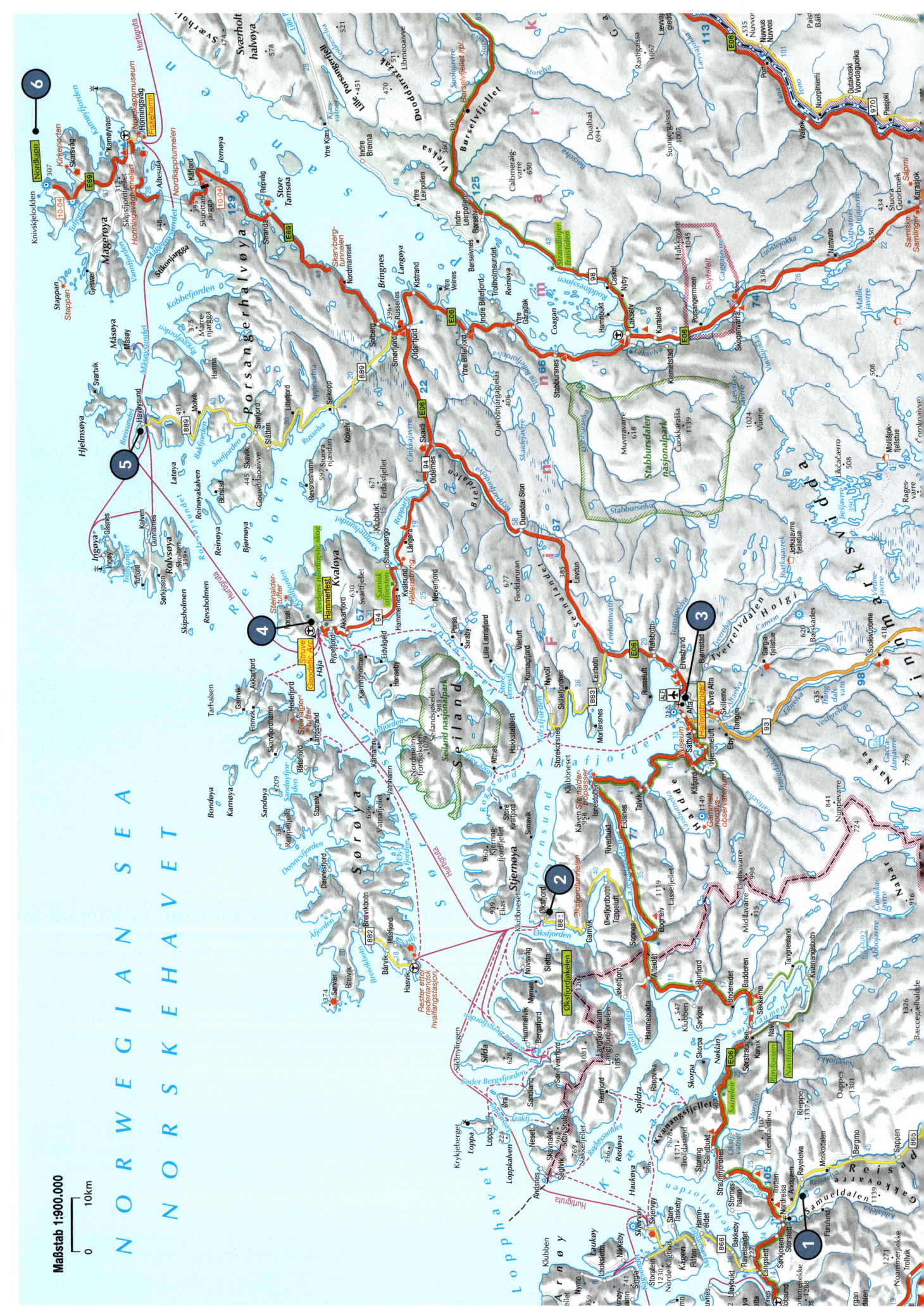

# Quer durchs Nordkapland

*An der „Eismeerküste" zwischen Tromsø und dem Nordkap erstreckt sich eine dramatische Fjord- und Bergwelt, die sich alles in allem viel weniger polar gibt, als die hochnördliche Lage erwarten lässt. Hier sollte man sich Zeit lassen, den Weg zum Ziel machen, denn das so ersehnte Nordkap hat schon manchen enttäuscht.*

## ❶ Reisadal

Dieser etwa 110 km lange Talzug bildet einen spektakulären Canyon, in tiefe Wälder und majestätische Berge gefasst. Zentralort ist Storslett, das überwiegend von der Fischerei lebt und etwa 1600 Einw. zählt.

### MUSEUM

Das **Halti-Nationalparkzentrum** in Storslett informiert über Geologie, Pflanzen- und Tierwelt des 803 km² großen Reisadal-Nationalparks, der das gesamte obere Reisadal umfasst (Halti nasjonalparksenter, www.reisa-nasjonalpark.no; Mitte Juni–Mitte Aug. Mo.–Fr. 9.00 bis 17.00, Sa. und So. 12.00–17.00, sonst Mo.–Fr. 9.00–16.00 Uhr).

### AKTIVITÄTEN

Das Reisadal ist eines der großen **Outdoor-Hochburgen**, dazu gehören Hundeschlitten-Safaris und Pferdetreks sowie Wanderungen bis hinauf auf die Finnmarksvidda.

**Tipp**

## Zu Gast bei Samen

Viele Traditionen des Nomadentums sind bei den Samen lebendig geblieben, doch gehen mit der Modernisierung der Rentierhaltung auch alte Kulturbestandteile verloren. Dazu gehört die Siida, eine gesellschaftliche Organisationsform aus mehreren Familien, die gemeinsam leben und mit ihren Rentieren wandern. Nur wenige traditionelle Siidas sind noch zu finden. Alte und neue Zeit verbindet ein Besuch der Boazo Sami Siida beim Alta Camping – Führungen, Rentiere, samische Spezialitäten in einer Lavu (Samenkote) werden geboten.

### INFORMATION
Boazo Sami Siida, Tel. 94 03 59 92, www.sami-siida.no oder Tourist-Information in Alta

### INFORMATION
Halti Nasjonalparksenter Turistinformasjon, Sarkjosen 2, N-9151 Storslett, Tel. 40 03 50 52, www.reisa-nasjonalpark.no

## ❷ Øksfjord

Auch wer in Sachen Berg- und Fjordschönheit verwöhnt ist, wird von der Lage schlicht begeistert sein. Die Bergnatur ist dramatisch und für viele Aktivitäten gut. Ein Vergleich mit den Lofoten drängt sich auf, doch anders als dort sind in dem Fischerdorf, Zentrum der Loppa-Gemeinde, Touristen selten, und man lebt wie eh und je überwiegend von Fischerei.

### SEHENSWERT
Das Panorama mit dem felsumrahmten „Axtfjord" und der gegenüber auf der Halbinsel Bergsfjord erstrahlenden Gletscherkrone des aus über 1200 m herabfließenden **Øksfjordjøkel** ist eine Attraktion für sich. Der Gletscher ist mit rund 41 km² neuntgrößter des Landes.

### AKTIVITÄTEN
Wer näher an den **Øksfjordjøkel** möchte, hat von Nuvsvåg (ab Øksfjord mit einem Bootszubringer erreichbar) beste Möglichkeiten. Ab dort werden geführte Gletscher- und Gipfeltouren sowie Wanderungen und Angelausflüge angeboten (Arctic Nuvsvåg, N-9582 Nuvsvåg, Tel. 99 47 03 39, www.arcticnuvsvaag.no). Ein weiterer Veranstalter ist Bre og Vandring, der zudem auch Pferdetreks über die Finnmarksvidda und im Winter Hundeschlittentouren im Programm hat (N-9545 Langfjordbotn, Tel. 41 30 86 27, www.breogvandring.no).

### INFORMATION
Loppa Turistinformasjon, Langfjord Bygdetun, N-9545 Langfjordbotn, Tel. 45405057, www.nordkaplandet.com

## ❸ Alta

Die größte Stadt der Finnmark wird wegen ihrer teils lieblichen Sommerlandschaft auch „Finnmarks Italia" genannt und bietet natur-

*Die Mitternachtssonne lässt sich in der Nähe des Nordkaps von etwa Mitte Mai bis Ende Juli erleben.*

wie kulturinteressierten Reisenden das ganze Jahr über Attraktionen. Der weit auseinander gezogene Ort mit mehr als 15 000 Einw. ist idealer Ausgangspunkt für Ausflüge in das „Nordkapland" und auch in die Finnmarksvidda, die, schon seit über 6000 Jahren bewohnt, als „Wiege der Menschheit" im hohen Norden gilt.

### MUSEEN
Das direkt an der E 6 gelegene **Felsbilderfeld** (Helleristninger) von Hjemmeluft ist Unesco-Welterbestätte und umfasst ca. 3000 Felsritzungen, vor 3000 bis 6200 Jahren entstanden und durch einen 5 km langen Pfad erschlossen. Es gehört zum angrenzenden, der Finnmark-Kulturgeschichte gewidmeten **Alta Museum** (www.alta.museum.no; Mitte Juni–Mitte Aug. tgl. 8.00–20.00, Mai tgl. 8.00–17.00, sonst Mo. bis Fr. 9.00–15.00, Sa. und So. 11.00–16.00 Uhr).

### AKTIVITÄTEN
Der Altaelv gilt als hervorragendes **Lachsrevier**. Die populärste **Bergwanderung** führt vom Nachbarort Kåfjord innerhalb von

rund 3 Std. (markierter Wanderweg) zum 907 m hohen Haldetoppen, wo 1898 das erste Nordlichtobservatorium der Welt errichtet wurde; heute dient der Turmbau als Übernachtungsplatz (Schlüssel im Alta Museum), das Panorama ist umwerfend. Der **Alta Canyon TOPZIEL** ist mit 14 km Länge und 425 m Tiefe der größte Nordeuropas. Bootstouren führen den Altaelv aufwärts in die Schlucht; alternativ kann man das auch als "Sautso" bekannte Tal erwandern (auch organisiert; Mitte Juni–Mitte Aug. tgl. 10.00 Uhr, 6 Std.). Zu allen Outdoor-Aktivitäten wie Fahrrad-, Kanu- und Kajak-, Angel- und Schneeschuh-, Ski- und Hundeschlittentouren berät die Tourist-Information.

### HOTELS
€ € € / € **Alta Camping** direkt am Altaelv bietet zwei Dutzend Übernachtungshütten verschiedener Kategorien (Øvre Alta, N-9518 Alta, Tel. 78 43 40 22, www.altacamping.no). Anfang Jan. eröffnet das aus Eis errichtete € € € € **Sorrisniva Igloo Hotel** seine Pforten und lädt in komfortable Eiszimmer; ganz "Coole" heiraten in der Eiskapelle (Sorrisniva 20, N-9518 Alta, Tel. 78 43 33 78, www.sorrisniva.no).

### INFORMATION
Turistinformasjon Alta, Bjørn Wirkolasvei 11, N-9510 Alta, Tel. 99 10 00 22, www.visitalta.no; informativ auch www.nordnorge.com

## ④ Hammerfest

Ein Besuch der nördlichsten Stadt der Welt, Sitz des berühmten "Eisbärenclubs", gilt in Touristenkreisen als ein "Muss". Obwohl bereits 1789 gegründet, trägt Hammerfest ein modernes Kleid – der deutschen Wehrmachtsaktion "Verbrannte Erde" entging 1945 nichts; allein die Friedhofskapelle überstand die Feuersbrunst. Traditionell lebt der rund 8000 Einw. zählende Ort mit dem geschützten und eisfreien Hafen von der Fischerei, außerdem vom Nordkap-Tourismus. Neueste Wachstumsimpulse verdankt die Stadt der Erdöl- und Erdgas-Exploration sowie -Verarbeitung; jüngstes Kind dieses Booms ist die größte Erdgasverflüssigungsanlage der Welt.

### SEHENSWERT
Glanzstück ist vor allem die Aussicht über die Stadt mit ihren bunten Häusern und den Fjord vom 86 m hoch gelegenen **Aussichtspunkt Salen**, zu dem der ausgeschilderte Hammerfest-Panoramaweg führt. In der Nähe seines Ausgangspunkts stehen die **Friedhofskapelle** und die architektonisch auffallende **Hammerfest-Kirche** (1961) mit ihrem dreieckigen Fenster von 8 m Kantenlänge.

### MUSEEN
Meistbesuchte Sehenswürdigkeit der Stadt ist der **Eisbärenclub**, in dem eine Sammlung arktischer Exponate zu betrachten ist sowie eine Multimediashow zu den Themen "Eisbä-

rentraum" und "Winternachtstraum"; gegen eine Aufnahmegebühr kann man die Mitgliedschaft im Club erwerben (Isbjørnklubben, Havnegata 3, www.isbjornklubben.no; Sommer tgl. 8.00–16.00/18.00, Winter 9.00–14.00/16.00 Uhr). Das **Wiederaufbaumuseum** informiert über die Geschehnisse im Zweiten Weltkrieg und den Wiederaufbau der Stadt (Gjenreisningsmuseet, Kirkegata 21, www.kystmuseene.no; Juni–Mitte Aug. tgl. 10.00–16.00, sonst tgl. 10.00–14.00 Uhr).

### AKTIVITÄTEN
Die Tourist-Information organisiert Hochsee-, Angel- und Wandertouren, Besuch von Vogelfelsen und Fischerdörfern sowie Rentierscheidungen (Herbst).

### HOTEL UND RESTAURANT
Das € € € € / € € € **Scandic Hammerfest** ist innen gemütlicher, als es von außen aussieht: mit hohem Komfort und schönem Hafenblick (Sørøygate 15, Tel. 78 42 57 00, www.scandichotels.no). Die € € **Turiststua** ist ein im Almhüttenstil erbautes Panoramarestaurant auf dem Hügel Salen (Tel. 94 15 46 25; Juni–Aug. tgl. 11.00 bis 23.00, Mitte April–Mai tgl. 16.00–20.00 Uhr).

### INFORMATION
Hammerfest Turist, Hamnegate 3, N-9600 Hammerfest, Tel. 78 41 21 85, www.visithammerfest.net

## ⑤ Havøysund

Weltende-Gefühle liegen hier in der Luft, und die umgebende Tundralandschaft der Porsanger-Halbinsel und der mehr als 300 vorgelagerten Inseln und Holmen fügt sich so recht ins Stimmungsbild ein. Das kleine Havøysund ist Zentrum der 1300-Einw.-Gemeinde Måsøy, die vom Fischfang lebt.

### AKTIVITÄTEN
Einmal mehr ist der Weg das Ziel: Die in den Rang einer **Touristenstraße** erhobene R 889 nach Havøysund präsentiert sich als "Highway nach Finis Terrae". Unterwegs werden mehr oder weniger verlassene Einöd-Fischerdörfer passiert, immer wieder ziehen bizarre Felsformationen den Blick an, und rauere Landschaften als hier wird man in Europa kaum zu sehen bekommen. Etwa 30 Min. zu Fuß nördl. Havøysund befindet sich bei Gavelen der nördlichste Windpark der Welt, eindrucksvoller ist die **Aussicht** von dort aus auf die arktischen Inseln und das Meer. Im Sommer werden **Mitternachts-Bootsausflüge zum Nordkap** organisiert.

### UMGEBUNG
Die vorgelagerten Inseln sind mit der Fähre bzw. dem Boot erreichbar. Auf **Rolvsøy**, einem Jagd- und Angelparadies (Übernachtungsmöglichkeiten) lebt der nördlichste Imker der Welt. Auf **Ingøy** steht seit 1866 mit Fruholmen Fyr der nördlichste Leuchtturm der Welt, auch

*Beerenjagd mit dem Bærplukker (oben). Malerische Küstenlandschaft am Porsangerfjord auf Magerøy (unten).*

als Wetterstation bekannt. Auf **Hjelmsøy** ist mit Hjlemsøystauren einer der größten Vogelberge der Welt zu finden (geführte Touren im Sommer).

### INFORMATION
Måsøy Turistinformasjon, c/o Havøysund Hotell og Rorbuer, Strandgata 149, N-9690 Havøysund, Tel. 78 42 37 66, www.havoysundhotel.com

## ⑥ Magerøy

Das Nordkap mit den geografischen Kordinaten 71°10′21′′ nördliche Breite ist Jahr für Jahr "Ziel der Ziele" für Touristen aus aller Herren Länder. Zentralort auf der durch einen Tunnel mit dem Festland verbundenen Insel Magerøy ist das Städtchen Honningsvåg (2600 Einw.). Dort ist, wie überall auf der "mageren Insel", alles auf Fremdenverkehr eingestellt, und entsprechend kräftig wird man zur Kasse gebeten.

### SEHENSWERT
44 km trennen Honningsvåg vom **Nordkap-Plateau TOPZIEL**, dem nördlichsten per Straße erreichbaren Punkt der Welt. Der Blick von der 307 m hohen Schieferklippe ist ebenso Pflichtübung wie ein Blick auf das Modell der Weltkugel und auf den Skulpturenpark "Frieden auf Erden". Und dann die 5000 m² große **Nordkaphalle** über und unter der Erde, wo u. a. eine Multivisionsschau einlädt, ein Touristenbüro und Postschalter sowie die durch einen Tunnel erreichbare Grotten-Bar, aus der man durchs Panoramafenster Richtung Nordpol blicken kann, der 2090 km entfernt liegt

(www.visit nordkapp.net; Mitte Mai–Mitte Aug. tgl. 11.00–1.00, Mitte–Ende Aug. tgl. 11.00 bis 22.00, sonst tgl. 11.00–15.00 Uhr).

## AKTIVITÄTEN

Der Geschichte und Küstenkultur von der Steinzeit bis heute ist das **Nordkap-Museum** in Honningsvåg gewidmet; weitere Themen sind Walfang, Fischerei und Nordkap-Tourismus (www.kystmuseene.no; Juni–Mitte Aug. Mo.–Sa. 10.00–19.00, So. 12.00–19.00, sonst Mo.–Fr. 11.00–15.00 Uhr).
Die Wanderung zum wirklich nördlichsten Punkt Europas **Knivsjellodden** ist nicht ganz mühelos, aber lohnend (gekennzeichnet) – man kann gut Fotos von der Nordkap-Klippe machen. Wer es exotisch mag, kann dort auch tauchen. Die Tourist-Information bietet im Sommer u. a. geführte Wanderungen, Deep Sea Raftingtouren, Hochsee-Angeltrips und Vogelbeobachtungs-Ausflüge an.

## HOTEL

Die Übernachtungspreise in Honningsvåg sind extrem (durchweg € € € €); günstiger wohnt man in Skarsvåg, nur 15 km vom Kap entfernt. € € € **Kirkeporten Camping** ist der nördlichste Campingplatz der Welt; vermietet werden Hütten und Zimmer (Storvannet, Postboks 22, N-9763 Skarsvåg, Tel. 90960648, www.kirke porten.no).

## INFORMATION

Nordkap Reiseliv, Fiskeriveien 4, N-9750 Honningsvåg, Tel. 78 47 70 30, www.nordkapp.no

**Tipp**

## Ein Logenplatz

Am Nordkap sind zur Zeit der Mitternachtssonne rund um Mitternacht „Augen-Blicke" gefragt. Einer der prächtigsten ist von der Kirkeporte zu haben – durch die „Kirchenpforte" genannte Öffnung in einer Felswand. Von 24.00 bis 2.00 Uhr verwandelt die Sonne Hornvikas Nordkap-Horn in ein flammendes Feuerschwert. Ein 20-Min.-Spaziergang führt zu diesem Logenplatz; ein Schild neben Kirkeporten Camping weist den Weg.

Genießen    Erleben    Erfahren

# Abenteuer Reisaelv

**DuMont Aktiv**

**Langboot- sowie Kanufahrten** auf dem Reisaelv sind touristische Aktivitäts-Höhepunkte der Region Nordkapland, denn das Reisadal, dem der Fluss folgt, präsentiert sich als tiefer Canyon, auf beiden Seiten durch steile und dunkel bewaldete Bergflanken bedrängt, die fast von Meeresniveau zu teilweise über 1000 m hohen, zuweilen noch im Sommer verschneiten Felsregionen aufsteigen.

**Wer gut einen halben Tag** an Zeit erübrigen kann, der sollte an einer Langbootfahrt auf dem spektakulärsten Abschnitt der Reisaelv teilnehmen, denn auf den bis zu 6 Std. langen Bootstouren geht es tief in den Reisadal-Nationalpark hinein, der eines der eindrucksvollsten Wildnisgebiete des Nordens und – mit dem 269 m hohen Mollisfoss – auch den zweithöchsten Wasserfall des Landes umfasst. Startpunkt für die im Sommer tgl. angebotenen Fahrten ist das Elvebåtsenteret in Saraelv, und erreichen kann man dieses „Flussbootzentrum" über die Reichsstraße 865, die sich von Storslett aus, an der E 6 gelegen, für etwa 50 km bis an den Nationalparkrand hinzieht. Dort steigt man um ins Boot, und ab geht es mit Motorkraft stromaufwärts.

**Das ist ein Erlebnis**, aber kein Abenteuer, und wer letzteres sucht, der leiht im Zentrum ein Kanu samt der erforderlichen Ausrüstung und lässt sich sodann per Boot bis an den Oberlauf der Reisaelv bringen. Dann ist man auf sich allein gestellt und kann nun entspannt mit der Strömung für gut 80 km zurückpaddeln. Stromschnellen gibt es wenige, sie sind zudem unproblematisch: Als beste Zeit gilt Juni bis Sept. bzw. besser – eingedenk der nicht unerheblichen Mückenprobleme – Mitte Aug. bis Ende Sept. Für „Einsteiger" werden auch organisierte Kanutouren angeboten.

**Weitere Informationen**

**Elvebåtsenteret**, Veslebo/Saraelv, Tel. 93 03 83 84, www.araelv.no. Die beiden Skipper Rolf und Jon-Erik Hansen haben mehr als 30 Jahre Flussbooterfahrung, vermitteln auch Hütten-Unterkunft sowie, im Winter, Hundeschlittentouren und Schneescootersafaris.

*Motorboottouren auf der Reisaelv – zwischen hohen Felsen weit hinein in den Reisadal-Nationalpark – sind ein unvergessliches Erlebnis für jeden Reisenden in Nordnorwegen.*

# Leben in Extremen

Weite, Extreme und Gegensätze sind es, die diese höchstnördliche Landschaft unseres Kontinents prägen, die sich im kurzen Sommer lichtdurchflutet in den menschenleeren Naturraum zwischen den rauen Ufern der Eismeerküste und der Hochebene der Finnmarksvidda spannt, auf deren Tundrasteppen die Samen mit ihren Rentierherden ein letztes Rückzugsgebiet gefunden haben. Die Einöd-Küstenorte ziehen Angler, Seevogel-Beobachter und Freunde wilder Klippengestade an. Von Kirkenes aus bieten sich Abstecher nach Russland an und in Urwälder, in denen noch Bären und Wölfe umherstreifen.

Noch gehören sie in vielen Regionen des hohen Nordens zusammen: Samen und Rentiere.

Bugøynes am Varangerfjord ist einer der kleinen Fischerorte an der Barentssee.

Verdiente Pause für Engholms Husky, für den die Weite des Nordens und die herbstliche Farbenpracht alltäglich sind.

Zwischen Olderfjord und Lakselv stehen am Porsangerfjord
die versteinerten Kobolde von Trollheimen.

„Und die Barbaren
zeigten uns, wo
die Sonne ihr
Nachtlager hat."

Pytheas von Massilia, 300 v. Chr.

Der griechische Entdecker Pytheas war es, der bereits im 4. vorchristlichen Jahrhundert von Thule berichtete, „einem letzten Land im Norden", nahe dem „geronnenen Meer" (Eismeer), und seit der Antike steht der Name Ultima Thule sprichwörtlich für den äußersten Nordrand der Welt. Als nichts anderes auch wurde die Finnmark lange Zeit von den Norwegern angesehen, eine vernachlässigte Kolonie der Krone, in die man gern auch Verbrecher und Landstreicher aus dem Süden des Landes deportierte. Sogar jeglichen Handel organisierte monopolistisch der Süden. Erst mit Aufhebung dieses Privilegs 1789 konnten eigene Marktorte und Städte entstehen. Insbesondere der „Pomorje-Handel" – vom russischen Wort Pomorje, Küste abgeleitet –, der bis hinüber nach Archangelsk am Weißen Meer reichte, blühte auf. Überwiegend drehte es sich dabei um Fisch, der gegen Getreide getauscht wurde, das in Nordnorwegen nicht gedeihen kann. Mit der kommunistischen Revolution in Russland 1917 kamen alle Handelsverbindungen gen Osten zum Erliegen. Dann fiel der „Eiserne Vorhang", und die gerade noch entlegenste und von Entvölkerung bedrohte Region am Rand der Welt profitierte plötzlich von ihrer nun zentralen Lage in der Barentsregion.

Viel nachhaltiger für die Finnmark werden aber die gewaltigen Erdöl- und Erdgasfunde sein, die man an Dutzenden Stellen unter der Barentssee geortet hat und die teilweise bereits ausgebeutet werden. Nachhaltig für die Wirtschaft dieses gestern noch ärmsten Landesteils, nachhaltig aber auch für die Umwelt, gehört das Ökosystem des höchsten Nordens doch zu den empfindlichsten der Welt.

### Fremde im eigenen Land?

Die extremen Gegensätze der Jahreszeiten sind zumindest den Samen die Würze des Lebens. Bei ihnen handelt es sich um eine nordeuropäische ethnische Minderheit, die etwa 60000 Menschen umfasst. Einst durchstreiften die Nomaden mit ihren Rentierherden fast ganz Finnland, Schweden und Norwegen – im Laufe der Jahrhunderte wurden sie nach Nordnorwegen zurückgedrängt. Wann genau und woher sie kamen, ist unklar, und als gesichert gilt nur, dass vor rund 4000 Jahren ursamische Gruppen nach Skandinavien einwanderten.

Die „Erstgeborenen" im Lande sind sie also ohne Zweifel, was aber in Oslo – wie auch in Stockholm und Helsinki – lange Zeit geflissentlich übersehen wurde. Man nahm ihnen ihr Land, ab dem 17. Jahrhundert auch ihren Glauben, und versuchte noch bis in die späten 1960er-

Moderne Technik bei der Herstellung
traditioneller Hochzeitskleidung: Samen-Alltag

Wenn die Samen mit ihren Herden ziehen, ist manches, Zelte beispielsweise,
noch traditionell – daneben parken aber schon die Schneescooter.

Das Osterfest ist bei den Samen weniger besinnlich als anderswo und eine
gute Gelegenheit zu einem Rentierrrennen und Festtagstracht zu zeigen.

Samen und Rentiere bilden seit Jahrtausenden eine einzigartige Lebensgemeinschaft.

Traditionelle Kleidung erfüllt inzwischen wieder mit Stolz.

Special

Die Samen

# Seele, Trance und Gesang

Bei den Samen wurden alle Naturkräfte als Gottheiten verstanden, über alle Stätten der Natur wachten Geister, jedes Tier, jede Pflanze, jedes Ding galt als beseelt – folglich auch der Mensch. Verbindungsglieder zur jenseitigen Welt waren Schamanen, die mittels Trance die dingliche Welt verlassen konnten, um mit Göttern und Geistern Kontakt aufzunehmen. Wichtigstes Instrument dazu war die Schamanentrommel, deren Klang dem Schamanen half, in Trance zu fallen und die Seelenfahrt anzutreten.

Der Joik, die charakteristische Musik der Samen mit Wurzeln in der Steinzeit, ist ursprünglich der spontane Ausdruck des Naturmenschen für ein Gefühl, das ihn bei einem Erlebnis oder Anblick befällt. Dieser traditionelle Gesang ist von extremer Einfachheit, stellt sich unseren Ohren eigentlich nur als ein sonderbares Trällern dar und kennt keine instrumentale Variante – ist eine andere

Welt, die man nicht beschreiben, sondern nur erfahren kann. Schamanen, ihre Trommeln und auch das Joiken wurden als wichtige Stützen der samischen Kultur unerbittlich verfolgt, um den alten animistischen Glauben durch das Christentum zu verdrängen.

Nachhaltiger als alle Missionstätigkeiten hat die auf den Pfarrer Lars Levi Læstadius (1800–1861) zurückgehende Religionsströmung die Struktur der samischen Gesellschaft beeinflusst, indem sie den Kern der christlichen Lehre durch Gleichnisse und Geschichte darstellte, in die samische Mythen eingeflochten wurden, und schamanische Ekstase in den Gottesdienst integrierte. Der pietististisch ausgerichtete Læstadianismus hat großen Anteil daran, dass sich alte samische Lebensweisen teilweise erhalten haben, und konnte dem Volk ein neues Selbstverständnis geben, als es zwischen dem alten und dem neuen Glauben unterzugehen drohte.

Jahre hinein, sie mit allen Mitteln zu assimilieren: Samische Literatur wurde verbrannt, die Ausübung der alten Religion verboten, auch das Joiken wurde unter Strafe gestellt, in den Schulen war es bis 1965 untersagt, Samisch zu sprechen – gelehrt wurde es natürlich auch nicht –, und Land durfte nur besitzen, wer fließend Norwegisch lesen, sprechen und schreiben konnte.

Es scheint gelungen, denn weniger als zehn Prozent aller Samen leben heute noch von der Rentierzucht, und nicht wenige dieser oft diskriminierend als „Lappen" bezeichneten Minorität zweifeln heute selbst an den Werten ihrer jahrtausendealten Kultur. Und doch: Man hat sich zu einer organisierten Minderheit konsolidiert, ist im Weltrat der Urbevölkerungen vertreten, hat sich ein Samen-Parlament erkämpft, und längst auch weht die Flagge von Sameätnam, wie sich das grenzübergreifende Samenland nennt, nicht nur über Kautokeino – der größten Samenstadt und deren kulturelles Zentrum – und Karasjok – Sitz des Samenparlamentes und inoffizielle Hauptstadt –, wohin heute alle organisierten Nordnorwegen-Reisen führen, auf dass Touristen die exotisch-bunten Trachten der „Indianer Europas", wie Samen oft voyeuristisch genannt werden, vor die Kameralinse bekommen.

In den vor den Unbillen der (eiskalten) Natur schützenden Überlebensanzügen ist
gut lachen – auch wenn sie durchaus gewöhnungsbedürftig sind.

Das „Storgammen" in Kautokeino serviert Samen-
Küche in traditioneller Weise.

Das „Schneehotel" in Kirkenes öffnet seine
Pforten für Freunde des Außergewöhnlichen.

Seit 1911 enden hier die Seereisen mit der Hurtigrute:
Blick vom Prestfjell auf Kirkenes und nach Norden Richtung Eismeer.

## Die Arktischen Routen

Eine fast schon klassische Tour – auch als „Polar-" oder „Eisbären-Route" angepriesen – beschreibt von Lakselv aus, ganz am Südende des Porsangerfjords an der Europastraße 6, eine rund 400 Kilometer lange Schleife um die Finnmark. Abstecher nach Kirkenes und Vardø, Båtsfjord und Gamvik liegen am Weg, der in seinem ersten Teilstück quer über die Finnmarksvidda hinweg durch eine weitgehend menschenleere Wildnis nach Karasjok führt. Weiter geht es für etwa 180 Kilometer am Westufer des Tana-Flusses – und zugleich an der Grenze zu Finnland – entlang, der mal breit und träge dahinfließt, dann wieder

über Stromschnellen rauscht. Eben ist er noch von steilen Felsen gerahmt, dann wieder von weißen Sandstränden, sogar von Dünen, auch von lichten Birkenhainen und grünen Wiesen. Hinter jeder Kurve bieten sich neue Bilder, keines ist herausragend oder grandios, aber alle zusammen ergeben den Eindruck einer vielgestaltigen Landschaft, die nie langweilig wirkt. Man fährt und genießt und erreicht schließlich den Ort Tana bru, wo entschieden werden muss, ob auch Kirkenes und Vardø oder Båtsfjord besucht werden sollen.

Den 210 Kilometer langen Weg zum Ausgangspunkt Lakselv zurück weist die Reichsstraße 98. Als „Eismeerstraße"

gepriesen, ist diese Strecke ein Highway in die Einsamkeit. Ein um das andere Mal bestaunt man – von weiterem Straßenverkehr kaum abgelenkt – grandiose Panoramen auf felsgerahmte Fjorde und tiefschwarz aus dem Meer heraussteigende Felsmassive und in bodenlos scheinende Schluchten. Dann wieder geht der Blick ringsum ins Grenzenlose windumtoster Tundrasteppen und Hochfjellzonen, bevor es wieder an den Porsangerfjord herangeht, den viertgrößten und vielleicht wildesten Fjord Norwegens, an dessen Öffnung zum Meer hin die das Ende des bewohnten Landes definierende Nordkapinsel Magerøya liegt.

FESTTAGSSCHMAUS UND FASTENSPEISE

# Köstlichkeit seit 1000 Jahren

*Seit der Wikingerzeit hängt der Lofotenhimmel im Spätwinter voller Fische, die in Wind und Wetter bis zum Frühling hin zu Stockfisch heranreifen, einem nahezu unverderblichen und energiereichen Nahrungskonzentrat, das sich seit dem frühen Mittelalter europaweiter Beliebtheit erfreut und einen ganz eigenen kulinarischen Reichtum darstellt.*

Dem Dorsch oder – um genau zu sein – dem Kabeljau, wie der Dorsch genannt wird, wenn er geschlechtsreif ist, müssten die Norweger und insbesondere die Bewohner der Lofoten eigentlich ein Denkmal setzen. Aber monumental müsste es sein, denn Gadus morhua bildet seit mehr als tausend Jahren das wirtschaftliche Rückgrat dieses nordnorwegischen Archipels und ist auch heute noch eine wichtige Existenzgrundlage. Auf Norwegisch wird der Fisch skrei oder torsk genannt, ersterer Name bedeutet so viel wie „Wanderer", was auf die lange Winterreise des Kabeljaus von der Barentssee in den Vestfjord hinweist. Torsk hingegen leitet sich von tørrfisk ab, „Trockenfisch", da der Kabeljau – nach dem Fang geköpft und ausgenommen – nach uralter Tradition paarweise an den Schwänzen zusammengebunden und auf hohe, als stokk bezeichnete Holzgestelle gehängt wird, wo er in Wind und Wetter acht bis zehn Wochen lang verbleibt, bis er trocken und knochenhart geworden ist. Nach dieser Prozedur, die weltweit als die älteste Konservierungsmethode für Fisch

Lofoten-Himmel mit Stockfisch: Henningsvær auf der Lofoten-Insel Austvågøy

gilt, wird der Kabeljau nun schließlich stokkfisk genannt bzw., auf Deutsch, „Stockfisch".

### Ein Geschenk des Himmels

Da dem Kabeljau durch den Trocknungsprozess lediglich Wasser entzogen wird – rund 80 Prozent –, bleiben der Geschmack sowie Proteine, Vitamine und Mineralien erhalten. So entspricht der Nährwert von einem Kilogramm Stockfisch demjenigen von fünf Kilogramm Frischfisch. Vor allem anderen sonst aber ist er jahrelang haltbar, was schon vor über einem Jahrtausend, als in Mitteleuropa die ersten größeren Städte entstanden, die Nachfrage geradezu explodieren ließ. Noch aber gab es keinen geregelten Handel, was sich ab dem 12. Jahrhundert etwa mit Aufkommen der Lübecker

Trocknender Leckerbissen –
Stockfischgestell in Svolvær

# Stockfisch wurde und wird der Welt seit vielen Jahrhunderten nur von Norwegen geschenkt.

Ein Bild wie aus längst vergangenen Zeiten: Hafen von Moskenes
(ganz oben). Auch in Henningsvaer wird der Dorsch zum Trocknen an
Stockgestelle gehängt (oben).

als Speise für die Fastenperioden streng katholischer Länder, in denen es darüber hinaus verboten war, an Freitagen Fleisch zu essen. Der Umsatz an Stockfisch zu jener Zeit war ungeheuerlich, und ebenso ungeheuerlich waren natürlich auch die Reichtümer, die der Handel der Hanse einbrachte, deren Wappen passenderweise einen Stockfisch zeigt, der eine Krone trägt. Stockfisch war eben eine „Speise, die uns der Himmel geschickt hat", wie es ein Papst einmal ausdrückte.

## Stockfisch global

Aber auch in späteren Jahrhunderten blieb Stockfisch eines der weltweit am weitesten verbreiteten Lebensmittel, diente es doch unter anderem der Versorgung von Schiffsmannschaften in aller Welt. Es ist deshalb auch keinesfalls übertrieben zu behaupten, dass der Stockfisch in erheblichem Maß an den großen Entdeckerfahrten der Neuzeit beteiligt war. Noch heute steht der größte Teil des Fangs der alljährlichen Lofot-Fischerei in nicht weniger als weltweit 30 Ländern auf der Liste der Fischhändler. Größter Abnehmer ist nach wie vor Italien, das bis vor wenigen Jahrzehnten nahezu 85 Prozent der gehandelten Menge abnahm und wo Stoccafisso fester Bestandteil der kulinarischen Kultur ist. Über 90 Prozent der allerbesten Klasse – ihrem Adressaten entsprechend „Prima" genannt – gehen noch heute dorthin, während devisenschwache Länder wie beispielsweise Nigeria die schlechtesten und entsprechend als „Afrikaqualität" bezeichneten Stockfischkategorien abnehmen. Ein Großteil der Produktion aber verbleibt in Norwegen selbst, wo Jahr für Jahr nicht weniger als etwa 2400 Tonnen allein an Lutefisk vertilgt werden, dem ultimativen Weihnachtsessen und sozusagen der Norwegenspezialität Nummer eins.

Hanse nachhaltig ändern sollte. Ihr Hauptumschlagplatz wurde die Stadt Bergen, und von nun an und bis ins 16. Jahrhundert hinein hielt die geschäftige Kaufmannsgilde das Monopol im Handel mit der Trockenkost fest in ihren Händen und sorgte dafür, dass Stockfisch europaweit bekannt und beliebt wurde: einerseits als nahezu unverderbliche, energiereiche Nahrung, andererseits

## Fakten

..................................................

Auf norwegischen Speisekarten kann neben **Lutefisk** auch **Stoccafisso** oder **Bacalao** stehen. Wer Stoccafisso bestellt, kann sicher sein, dass er auch Stockfisch bekommt, wohingegen es sich bei Bacalao sowohl um Stock- als auch um Klippfisch handeln kann, also um Kabeljau, der vor dem Trocknen gesalzen wurde. Herkunftsort des norwegischen **Klippfisk** sind nicht die Lofoten, sondern insbesondere das in Westnorwegen gelegene Kristiansund. Geschmacklich unterscheiden sich beide – Stockfisch habe festen Biss und eher mildes Fischaroma, während Klippfisch ganz ausgesprochen „fischig" schmecke.

Trockenfisch eignet
sich auch gut für ein
maritimes Stillleben ...

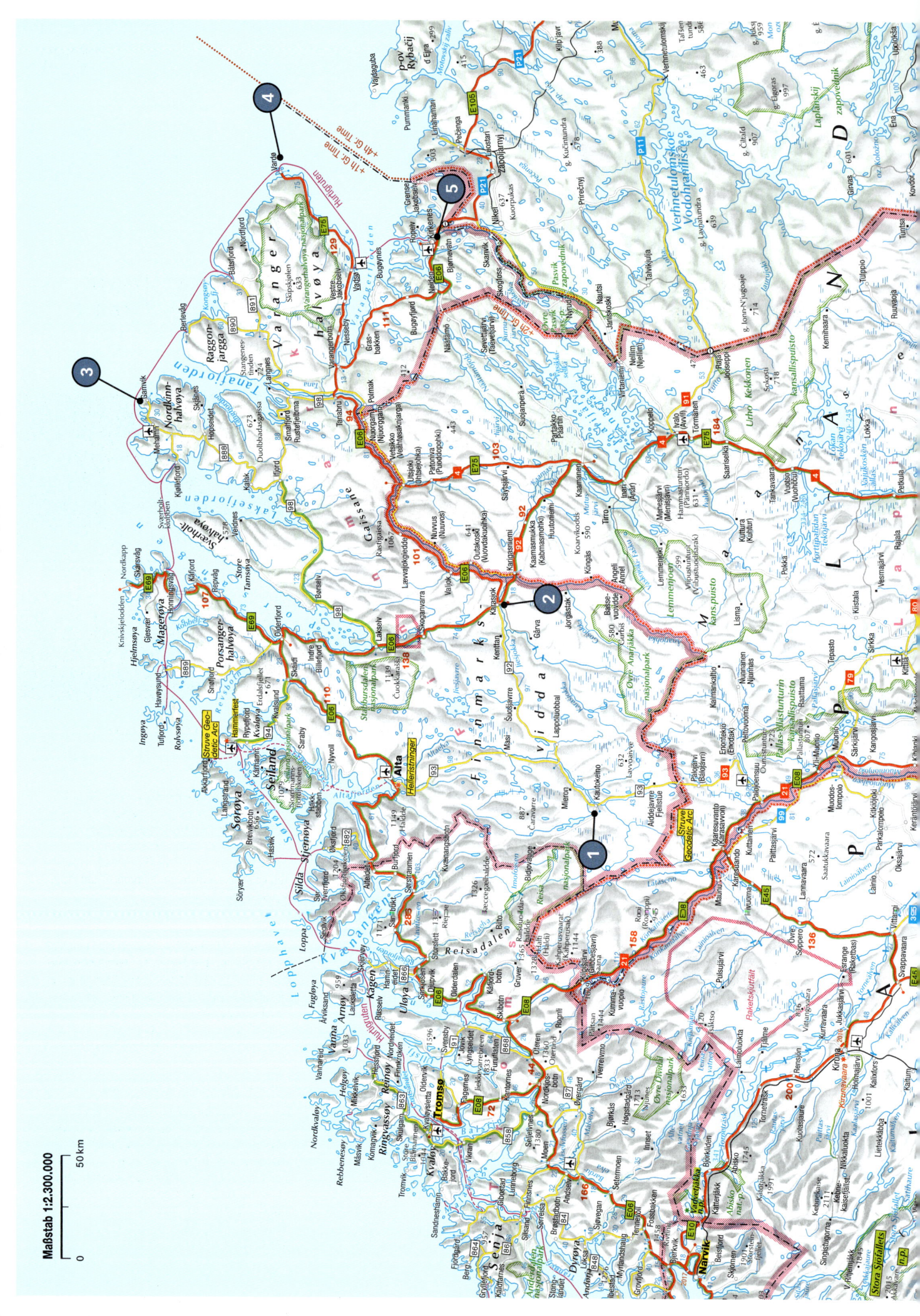

# Hier gibt es nur noch Weite

*Die Heimat der Samen und ihrer Rentierherden ist die raueste Wildnis und zugleich die größte zusammenhängende Fläche Natur des europäischen Kontinentes. Hier hat jede Jahreszeit ihre Wunder.*

## ❶ Kautokeino

Das Zentrum der mit 9700 km² flächenmäßig größten, überwiegend von Samen bewohnten Gemeinde Norwegens (etwa 1400 von 2000 Einw.) ist Sitz zahlreicher samischer Institutionen. Der auseinandergezogene Ort ist nicht gerade attraktiv, aber dadurch, dass hier ein Großteil der samischen Bevölkerung auch im Alltagsleben traditionelle blau-rote Tracht trägt, besuchenswert. Im Umland leben etwa 100 000 Rentiere, die einem Großteil der Menschen hier heute noch das Auskommen sichern.

**Tipp**

### Ein Messer fürs Leben

Nirgendwo sonst werden so feine traditionelle Samenmesser geschmiedet wie in Karasjok, und die größte Auswahl hochwertiger Messer bietet Knivsmed, der „Messerschmied", dessen einer Samenhütte nachempfundenes Besucherzentrum eine Sehenswürdigkeit für sich ist. Rund 10 000 Samenmesser mit Stahlklinge und Birkenholzschaft werden dort jedes Jahr gefertigt – bei der Produktion kann man zusehen.

**INFORMATION**
Knivsmed, Karasjok, Tel. 78 46 71 05, www.samekniv. no; Mo.–Fr. 8.30–16.00 Uhr

**SEHENSWERT**
Das **Freilichtmuseum** zeigt Kautokeino, wie es früher einmal ausgesehen hat, als der Ort noch aus Zelten und Gammen bestand; im zugehörigen **Kulturhaus** kann man samisches Kunsthandwerk kaufen (Guovdageainu Gillisillju, www.rdm.no; Juni bis Mitte Aug. Mo.–Sa. 9.00–18.00, So. 12.00–18.00, sonst nur Di.–Fr. 9.00–15.00 Uhr).

**SEHENSWERT**
Die meisten Aktivitäten in und um Kautokeino haben mit **Rentieren TOPZIEL** zu tun: Die Tourist-Information gibt Auskunft zu **Rentier-Schlittenfahrten**, Besuch von **Rentier-Scheidungen** und **-Kälbermarkierungen**.

**VERANSTALTUNG**
Das **Osterfestival** steht dem von Karasjok in nichts nach – zumal hier die Rentierschlittenrennen-Weltmeisterschaft ausgetragen wird (www.saamieasterfestival.com).

**RESTAURANT**
€ € **Madame Bongo's Fjellstue** ist eine echte Institution in der Finnmark; hier sitzt man am Lagerfeuer mit Rentierfleisch und Samen-Spezialitäten (Cuonovuohppi, 10 km außerh. am Weg zu den Bidjovagge Gruver, Tel. 78 48 61 60).

**UMGEBUNG**
Rund 61 km auf der R 93 nördl. liegt das etwa 300 Einw. zählende Samendorf **Masi**, das der Tradition noch stark verbunden ist.

**INFORMATION**
Kautokeino Turistinformasjon, Thon Hotel, N-9520 Kautokeino, Tel. 78 48 70 00, www.thonhotels.no/kautokeino

## ❷ Karasjok

Die inoffizielle Hauptstadt des Samenlandes mit rund 2800 Einw. zum größten Teil samischen Ursprungs ist Sitz des norwegischen Samen-Parlamentes sowie des Museums für samische Kultur. Das Osterfestival genießt einen hohen Stellenwert, und das Aktivitäten-Angebot sucht seinesgleichen in der Finnmark.

*Ostern in Kautokeino: Joik-Wettbewerb*

**SEHENSWERT**
Das **Samenlandzentrum** (Samelandssenteret) ist Sitz der Tourist-Information und vieler Kunsthandwerk-Geschäfte sowie Buchungszentrale für Aktivitäten jeder Art. Gegenüber steht die weiß getünchte Kirche; 1807 errichtet, ist sie die älteste der Finnmark (Juni–Aug. tgl. 9.00–19.00 Uhr).

**MUSEUM**
Kultureller Höhepunkt von Stadt und Finnmark ist das **Nationalmuseum für samische Kultur TOPZIEL**, das mehr als 5000 Exponate beherbergt; angeschlossen ist eine Freilichtabteilung, in der man auch übernachten kann (Sámiid Vuorká Dávvirat, www.rdm.no; Juni bis Mitte Aug. tgl. 9.00–18.00, sonst Di.–Fr. 9.00 bis 15.00 Uhr).

**AKTIVITÄTEN**
Im Sommer sind **Bootstouren** auf dem Karasjokka sehr beliebt, im Winter **Hundeschlittentouren**, die u. a. Sven Engholm, ein versierter Hundeschlittenfahrer, organisiert. Zum Angebot gehört auch die 6 km außerhalb am Karasjokka gelegene **Hüttenanlage** mit rustikal-romantischen Blockhütten (€ € € / € Engholm Husky, Danskarjohka, N-9730 Karasjok, Tel. 91 58 66 25, www. engholm.no).

## VERANSTALTUNG

Das 11-tägige **Osterfestival** (Påskefestival) bietet Rentier- und Schneescooter-Schlittenrennen, Lassowerfen und Joikkonzerte, Kunstausstellungen und Theater und ist zusammen mit dem in Kautokeino die größte und farbenprächtigste Festivität der inneren Finnmark.

## RESTAURANT

Der einer Samengamme (Hütte) nachempfundene Rundbau € € € **Storgammen** gehört zum Scandic-Samenlandzentrum; hier gibt es samische Kost (Leavnnjageaidna 1, Tel. 78 46 88 00, Mitte Juni–Mitte Aug. tgl. 11.00 bis 23.00 Uhr).

## INFORMATION

Karasjok turistinformasjon, Leavnnjageaidnu 1, N-9730 Karasjok, Tel. 78 46 88 00, www.visitsapmi.no

## ❸ Gamvik

Nicht auf der westl. gelegenen Nordkapinsel Magerøya, sondern hier auf Nordkinnhalvøya ist Europas nördlichster Festlandspunkt zu finden. Die etwa 1400 km² große 1000-Einw.-Gemeinde ist damit nördlichste des Kontinents.

## Schöner Silberschmuck

Die berühmteste Silberschmiede der Finnmark mit Werken insbesondere von Frank und Regine Juhls ist norwegenweit bekannt, auch international ein Begriff und allein wegen ihrer samisch inspirierten Architektur fester Bestandteil der meisten geführten Reisen durch die Finnmark. 1–2 Std. benötigt man, um einen Überblick über den ästhetisch sehr hochstehenden, preislich aber eher moderaten Schmuck zu bekommen. Auch Gemälde mit meist samischem Hintergrund stehen zum Verkauf.

### INFORMATION

Juhls' Silvergallery, Kautokeino, Tel. 78484330, www.juhls.no; tgl. 9.00–18.00 Uhr

## MUSEUM

Das **Gamvik Museum 71° Nord** informiert über Fundstätten aus älterer bis jüngerer Steinzeit auf Nordkinnhalvøya und die Küstenkultur (www.kystmuseene.no; Mitte Juni–Mitte Aug. tgl. 10.00–16.00, sonst Di.–Fr. 10.00 bis 16.00 Uhr).

## AKTIVITÄTEN

Vom an der R 888 zwischen Mehamn und Gamvik beim Gunnarfjord gelegenen **Aussichts-**

*Karasjoks Kirche ist die älteste der Finnmark (oben). Hundeschlittengespann (rechts).*

**punkt Trollhetta** bietet sich ein weiter Blick über die Nordkinn-Halbinsel; eindrucksvoll ist es, gegen 20.30 Uhr vom **Slettnes Fyr** aus in Richtung Nordpol zu spähen – dann schiebt sich das nordgehende Hurtigrutenschiff in die Barentssee-Kulisse. Der 1948 erbaute Leuchtturm (39 m) ist nördlichster Festlands-Leuchtturm.

## UMGEBUNG

**Kinnarodden**, nördlichster Festlandspunkt Europas mit den Koordinaten 71° 08' 01'', kann vom 20 km entfernten Mehamn auf ganztägigen Wanderungen erreicht werden; auch Bootstouren werden über die Tourist-Information vermittelt. Der rund 50 km westl. Gamvik gelegene Fischerort **Kjøllefjord** lohnt wegen der am Fjord aufragenden Finnkirka, laut Touristikwerbung eine der schönsten Klippen der Welt.

## INFORMATION

Gamvik Turistinformasjon, Gamvik Museum, Strandveien 93, N-9775 Gamvik, Tel. 78 49 79 49, www.northernnomad.no

## ❹ Vardø

Die knapp 2000 Einw. große Fischerstadt ist östlichste des Landes und diejenige mit den meisten Sturmtagen. Schon im Jahr 1798 erhielt die damalig größte Fischereisiedlung Skandinaviens Stadtrechte. Bis 1917 gab es eine Linienverbindung nach Murmansk und Archangelsk. 1982 entstand durch Norwegens ersten Meerestunnel (2800 m) eine Festlandsverbindung.

## SEHENSWERT

1738 wurde die Festung **Vardøhus** in Achteckform errichtet. Am 20. Jan. wird Salut geschossen, wenn die Sonne nach der Polarnacht erstmals wieder erscheint.

## MUSEUM

Im 17. Jh. war Vardø Schauplatz der größten Hexenverfolgung Norwegens. Darüber und über die Polarexpeditionen Fridtjof Nansens 1893–1896 und Willem Barents 1594–1597 informiert das **Vardømuseum** (www.varangermuseum.no; Per Larssensgate 32; 22.Juni–20. Aug. tgl. 12.00–17.00 Uhr).

## UMGEBUNG

Westl. liegt das verlassene Fischerdorf **Syltefjord**, für Sommertourismus kurzzeitig mit touristischer Infrastruktur. Im Umland finden sich Spuren einer schon vor 5000–6000 Jahren hochentwickelten Jäger- und Hirtenkultur, doch Höhepunkte sind die Vogelfelsen: Der kleine **Skarvskiten**, ca. 1 km entfernt, ist auch zu Fuß erreichbar, der 190 m hohe **Syltefjordstauren** nur mit dem Boot; er gilt als am dichtesten besiedelter Vogelberg dort.
Die nur über den höchsten Straßenpass der Finnmark (385 m) erreichbare Fischereisiedlung **Båtsfjord** ist, gemessen am finanziellen Erlös ihres Fangs, Norwegens bedeutendste. Die Glasmalerei der Ortskirche ist mit einer Fläche von 85 m² eine der größten Europas.

## INFORMATION

Destinasjon Varanger, Havnepromenaden, N-9951 Vardø, Tel. 78 98 69 07, www.varanger.com

## ❺ Kirkenes

An der grauen Barentssee liegt der Umkehrpunkt der Hurtigruten-Linie, alles andere als ein Außenposten der Zivilisation. Kaum 10 km trennen den rund 3600 Einw. großen Hauptort der Sør-Varanger-Gemeinde von Russland, nur 35 km sind es nach Finnland, und von dieser zentralen Lage in der Barents-Region profitiert die ehem. wichtigste Erzstadt Norwegens, in der während des Zweiten Weltkrieges mehr als 30 000 deutsche Soldaten stationiert waren.

## SEHENSWERT

Vom **Prestfjell** aus, ab Grenzlandmuseum über den Fjellvei als Spaziergang gut erreichbar, ergibt sich ein weiter Blick über Stadt und Fjord.

## Schlafen auf Eis

Mitte Dez. öffnet das „Schneehotel" in Kirkenes bis März für Freunde des Außergewöhnlichen. Die Schneesuiten sind komplett aus Eis, geschmückt mit Eisskulpturen und in mystisches Licht getaucht. Inkl. Abendessen, Frühstück und Sauna, Rentierfellen und Schlafsäcken ein nicht ganz billiges Vergnügen.

**INFORMATION**
Kirkenes Snowhotel, Sandnesdalen 14, 9910 Bjarnevatn, Tel. 78 97 05 40, www.kirkenessnowhotel.com

### MUSEEN
Etwa 1 km außerhalb lädt das **Grenzlandmuseum** zu einem Gang durch die wechselvolle Geschichte von Stadt und Grenzgebiet ein (Grenselandmuseet, Førstevannslia, www.varanger museum.no; Mitte Juni–Mitte Aug. Mo. bis Fr. 9.30–15.00, Sa./So. 9.30–14.00 Uhr). Im angeschlossenen **Savio Museum** werden Arbeiten des für Holzschnitte bekannten samischen Künstlers John Savio (1902–1938) ausgestellt (gleiche Öffnungszeiten). In der **Andersgrotte** im Zentrum – im Zweiten Weltkrieg Schutzraum der Bevölkerung bei über 300 Bombenangriffen – wird u. a. ein Film über die hiesige Kriegsgeschichte gezeigt (Mitte Juni bis Mitte Aug. tgl. 10.00, 11.00, 15.00 Uhr).

### AKTIVITÄTEN
Beliebt sind **Bootsfahrten** auf dem Pasvikelv an der russischen Grenze. Sommers werden **Rentiersafaris, Tauchexkursionen** und **Angeltrips** geboten, winters **Eisangeln, Hundeschlitten-, Rentierschlitten- und Schneescootertouren**.

### VERANSTALTUNGEN
Im März ist der **Finnmarksløpet** mit 1000 km eines der längsten Hundeschlittenrennen der Welt (www.finnmarkslopet.no), außerdem der **Barents-Crosscountry-Langlauf** sowie das 320 km lange Hundeschlittenrennen **Pasviktrail** (www.pasviktrail.com).

### HOTEL UND RESTAURANT
Das € € € € / € € € **Scandic Kirkenes** ist gehobene Mittelklasse (Kongensgate 1, N-9915 Kirkenes, Tel. 78 99 59 00, www.scandichotels.no). Das bei Touristen populäre € € **Gapahuken ved Pikevannet** liegt rund 15 km außerhalb beim Grenzübergang Storskog am Ufer des Pikesee (Pikevannet), durch den die Grenze nach Russland verläuft; schön zum Draußensitzen und mit guter Küche (Storskog, Tel. 78 99 08 20; Mitte Juni–Aug. Di.–So. ab 15.00 Uhr).

**INFORMATION**
Turistinformasjon i Kirkenes, Parkveien 3A, N-9900 Kirkenes, Tel. 78 99 80 11, www.kirkenesinfo.no

---

# Touren in die Taiga

**DuMont Aktiv**

**Das Pasviktal,** das sich von Kirkenes aus für etwa 100 km keilförmig zwischen Finnland und Russisch-Karelien nach Süden erstreckt, ist der nordwestlichste Ausläufer der sibirischen Taiga und markiert die botanische und zoologische Grenze zwischen Europa und Asien. Nirgendwo im Lande gibt es mehr Bären und Wölfe als hier.

**Einen Überblick** über Tier- und Pflanzenarten der Region gibt das Umweltzentrum Bioforsk Svanhovd des im südlichsten Talabschnitt eingerichteten 119 km² großen Øvre-Pasvik-Nationalparks. Es umfasst u. a. auch den nördlichsten Botanischen Garten der Welt sowie einem Aussichtsturm. Wer in die labyrinthartige Wildnis von Wäldern, Mooren und Seen vordringen will, die u. a. auch Norwegens größten Kiefern-Urwald umfasst, tut das am besten auf markierten Wegen. Viele laden ein, und der populärste führt nach Bjørnehiet, einer verlassenen Bärenhöhle. Er ist an der R 885, die von Kirkenes aus das Pasviktal erschließt, bei der Siedlung Strand markiert und führt in ungefähr 15 Min. zu dem in einen Sandhügel gegrabenen Bau. Anstrengender ist die rund 5 km lange Tour zum Dreiländereck Treriksrøysa. Ebenfalls an der Straße ausgeschildert, beginnt sie bei Grenseberget am Ende eines 20 km langen Schotterweges. Der Pfad führt teilweise auf Knüppelwegen über Feuchtstellen hinweg, aber hier wie überall auf Tour im Pasviktal ist man mit Gummistiefeln gut beraten. Das Ziel, eine Steinpyramide, ist weltweit der einzige Punkt, an dem sich drei Zeitzonen treffen.

---

**Weitere Informationen**

**Øvre Pasvik Nasjonalparksentrum:** Bioforsk Svanhovd, Svanvik, Tel. 46 41 36 00, www.bioforsk.no; Mo.–Fr. 9.00–15.00, im Sommer 9.00–20.00, Sa. und So. 10.00 bis 18.00 Uhr.
**Pasvik Turist:** Kirkenes, Tel. 78 99 50 88, www.pasvikturist.no. Größter Veranstalter geführter Bootstouren sowie Wanderungen und Ausflügen in das Pasviktal.
**Øvre Pasvik Camping:** Vaggatem, Rv 886, Tel. 95 91 13 05, www.pasvikcamping.no. Campingplatz und Hüttenvermietung, Kanu- und Fahrradverleih, Anbieter von geführten Wildnistouren.

*Durch den Øvre-Pasvik-Nationalpark streift auch heute noch eine große Zahl von Wölfen.*

*Das Fischerdorf Lovund (oben). Köstlich, beliebt und selten: Moltebeere (rechts oben). Traditioneller Dorfladen in Svolvær (rechts unten)*

# Service

*Keine Reise ohne Planung. Auf den folgenden Seiten haben wir für Sie Wissenswertes und wichtige Informationen für Ihren Urlaub in Norwegens Norden zusammengefasst.*

## Anreise

**Mit dem Auto:** Entweder man fährt durch das südliche Norwegen über die E 6, die im schwedischen Fährhafen Helsingborg beginnt und sich durch ganz Norwegen bis nach Kirkenes zieht, oder man wählt die Alternative (E 4) durch Schweden ab den Fährorten Trelleborg oder Helsingborg. Die E 6 ist zwar die kürzeste und schönste Strecke, aber ganz und gar nicht die schnellste. Dank der Brücken über Großen Belt und Öresund muss man keine Fähre mehr nehmen, doch ist diese Variante nicht billiger (Mautpflicht; www.storebaelt.dk und www.ore sundsbron.com). Die Autofähren sind nachts am günstigsten, an Wochenenden am teuersten. Color Line (Tel. 0431 730 01 00, www. colorline.de) bedient u. a. die Strecken von

**Tipp**

### Jedermannsrecht

. . . . . . . . . . . . . . . . . . . . . . . . . . . . . .

„Freiheit in der Verantwortung" – so könnte man das Motto des über Jahrhunderte gewachsenen „Allemannsretten" umschreiben. Es legt u.a. fest, dass man überall einige Nächte zelten darf, sofern sich der Standort nicht auf landwirtschaftlicher Nutzfläche oder in der Nähe eines Wohnhauses befindet. Dies gilt nicht für Gruppen. Diese müssen die Erlaubnis des Eigentümers einholen, aber auch Einzelreisende sollten um Erlaubnis bitten – vor allem, wenn sie mehr als eine Nacht bleiben wollen.

Norddänemark nach Südnorwegen und tgl. die von Kiel nach Oslo, TT-Line (Tel. 04502 8 01 81, www.ttline.de), die von Rostock bzw. Travemünde nach Trelleborg/Schweden und Scandlines (Tel. 038177887766, www.scandlines.de), die von Rostock bzw. Sassnitz/Rügen nach Trelleborg/Schweden; günstig sind die „Durchtickets", die Fährkombinationen Puttgarden/Fehmarn–Rødby/Dänemark und Helsingør/Dänemark–Helsingborg/Schweden.

**Mit dem Bus:** Oslo wird von den meisten Großstädten Deutschlands, der Schweiz und Österreichs aus tgl. angefahren. Von Oslo fahren Expressbusse bis nach Trondheim. Ab Berlin kostet das Ticket bis Oslo 60,00–80,00 € je Weg, von Oslo nach Trondheim kommt man ab 45,00 €. Zuständig sind u.a. die Deutsche Touring (Tel. 069 790 35 01, www. eurolines.de), für die Strecke Oslo–Trondheim Lavprisekspress (Tel. 0047 67 98 04 80, www.lavpris ekspressen. no) und NOR-Way-Busekspress (Tel. 0047 81 54 44 44, www.nor-way.no). Mit dem Busnetz von NOR-Way-Bussekspress kann man alle größeren Städte Nordnorwegens erreichen. Kleine Orte sind durch lokale Buslinien verbunden.

**Mit der Eisenbahn:** Entweder nach Oslo (Tel. 01805 99 66 33, www.bahn.de) und weiter mit der Norske Statsban nach Trondheim und bis nach Bodø oder aber nach Stockholm/Schweden und von dort aus nach Narvik (www.sj.se). Auch der Interrail Pass kann helfen, Geld zu sparen (www.interrail.eu). Die Eisenbahn hat in Nordnorwegen wenig Bedeutung, denn ihr Netz endet in Bodø (Informationen über Verbindungen/Fahrpläne der NSB Norske Statsban Tel. 0047 81 50 08 88, dann 4 wählen für englischsprachiges Personal, oder www.nsb.no).

**Mit dem Flugzeug:** Wegen der großen Distanzen ist der Flug eine attraktive Alternative –

zumal die Flugpreise günstig sein können. Ein dichtes Netz hat die norwegische Norwegian (Tel. 0047 21 49 00 15, www.nor wegian.no), die mehrmals wöchentlich bis tgl. für ab etwa 80,00 € auf den Strecken von Berlin, Hamburg, Köln und München nach Oslo, Bergen, Trondheim, Bodø und Tromsø fliegt; von Oslo aus werden zudem auch Narvik/Harstad, Alta und Kirkenes angeflogen, und diese Inlandstrecken kosten ab 70,00 €. SAS bietet Flüge nach Oslo ab 160,00 € und Inlandflüge zu den meisten Zielen in Nordnorwegen (www. flysas.com), Air Berlin fliegt ab 50,00 € von rund 20 Flughäfen in Deutschland bis zu drei Mal tgl. nach Oslo (www.airberlin.com, Tel. 01805 73 78 00), und ab Berlin-Schönefeld fliegt Ryanair (www. ryanair. com) nach Oslo. Widerøe (Tel. 0047 81 00 12 00, www.wideroe.no) ist der größte Anbieter für Inlandflüge in Norwegen, speziell im Norden – aber auch für z.T. horrende Preise bekannt. Doch lässt sich mit speziellen Sommerangeboten (19. Juni–28. Aug.) Geld sparen: Mit dem Norge Rundt-Ticket fliegt man 14 Tage lang auf allen Strecken für etwa 500,00 € (ganz Norwegen) bzw. 350,00 € (nur Nord-Norwegen); Verlängerungswoche rund 200,00 €.

**Mit dem Schiff:** Fährschiffe bzw. Schnellboote (nur Personen-/Fahrrad-Beförderung) sind in Nordnorwegen im Einsatz, um auch die abgelegensten Inseln und Einöddörfer zu bedienen. Auch entlang großer Küstenabschnitte kann man per Schnellboot reisen. Größter Anbieter ist Boreal (www.boreal.no).

## Auskunft

**Allgemeine Reiseinformationen** erhält man beim Norwegischen Fremdenverkehrsamt (auch für Österreich und Schweiz zuständig), sowie in den regionalen und lokalen Fremdenverkehrsbüros: Norwegisches Fremdenverkehrsamt, Caffamacherreihe 5, 20355 Hamburg, Tel. 040 229 41 50, www.visitnorway.com/de.
**In Nordnorwegen** wende man sich an die Tourist-Informationen, die sich oft noch in kleinsten Ortschaften finden. In aller Regel wird Englisch, oft auch Deutsch gesprochen. Nahezu jedes Touristenbüro im Land hat eine mehrsprachige **Website**, ebenso die meisten Hotels, Tourenveranstalter etc., und meist kann man online buchen. Auf den Info-Seiten in diesem Bildatlas werden alle wichtigen Internet-Adressen genannt. Besuchenswerte Websites sind www.norwegen.no (offizielle Norwegen-seite), www.norwegen-freunde. com und www. norwegenservice. net. Die größte norwegische Suchmaschine ist www.kvasir.no – hilfreich auch, wenn man kein Norwegisch spricht.

## Autofahren

Die erlaubte **Geschwindigkeit** liegt bei 50 km/h in geschlossenen Ortschaften, 80 km/h außerhalb bzw. 60 km/h für (ungebremste) Gespanne. Eine **Überschreitung** der Höchstgeschwindigkeit kann teuer werden – fährt man z. B. 6 km/h zu schnell, sind rund 200,00 € fällig; wer „gurtlos" erwischt wird, muss fast 250,00 € bezahlen. Die **Blutalkoholgrenze** liegt bei 0,2 ‰, und auch tagsüber ist in Norwegen mit **Abblendlicht** zu fahren. Die **Notrufzentrale** des norwegischen Automobilclubs NAF ist ständig unter Tel. 81 00 05 05 zu erreichen; **Pannenhilfe** ist für Mitglieder deutscher Automobilclubs kostenlos. **Treibstoffpreise** sind meist, auch für Diesel, höher als in Deutschland. In jedem größeren Ort finden sich **Mietwagen**-Verleihstationen. Mindestens 100,00 € pro Tag bei 100 Freikilometern muss man einplanen; oft wird nur an Personen über 25 bzw. unter 75 Jahren vermietet.

## Essen und Trinken

Wenn auch die traditionelle Küche Nordnorwegens vor allem auf **Kartoffeln und Kochfisch** basiert, auch aus Italien und Frankreich, Spanien und Portugal wurden kulinarische Anregungen aufgenommen, vor allem in der Spitzengastronomie. Die Basis ist allerdings weiterhin landesspezifisch, und wer weder Fisch noch Meeresfrüchte mag, hat einen schweren Stand. Ein weiteres kulinarisches Standbein bilden Wild (insbesondere Elch und Schneehuhn) und Rentier. Freilich findet man sie nicht in Selbstbedienungsrestaurants und Cafeterias am Straßenrand, sondern in Häusern der Spitzengastronomie, von denen eine Auswahl auf den Info-Seiten zu finden ist.
Von Stockfisch und Königskrabbe abgesehen, ist die bekannteste **Fisch-Spezialität** aus dem hohen Norden der **Røkelaks** (Räucherlachs). Die billigsten sind **Fiskekaker** (Fisch-Frikadellen) und **Fiskesuppe** (Fischsuppe), die geschmacklich gewöhnungsbedürftigsten **Rakørret** (gesalzene und angegorene Forelle) und vor allem **Lutefisk**. Auch **Torsketunger** (Dorschzungen) sind nicht nach jedermanns Geschmack, wie viele Touristen auch mit **Mølje** (Mischmasch aus gekochtem Fisch, Rogen und Leber, mit Salz und Essig abgeschmeckt, mit Kartoffeln serviert) ihre liebe Last haben. Die meisten **Fleisch-Spezialitäten** sind schon eher nach dem Geschmack des Mitteleuropäers, und **Spekemat** (gepökeltes Dörr- oder Rauchfleisch) sollte man probieren. Ebenso **Fenalår** (geräucherte Hammelkeule), **Fårikål** (Eintopf aus Weißkohl und Hammelfleisch) und **Pinnekjøtt** (gebratene Hammelrippchen). Dank rauschhafter Steuersätze und strenger Ausschankbewilligungsregeln ist es in Nordnorwegen außerhalb der Häuser der Spitzengastronomie eher unüblich, Alkohol zum Essen zu trinken. Den genießt man eher separat, und vor allem **Øl** (Bier) ist beliebt, auch wenn man den halben Liter kaum unter 8,00 € bekommt. Auch im Geschäft kostet dieselbe Menge noch durchschnittlich gut 3,50 € – für 0,7 Liter **Spirituosen** muss man bereits gut 45,00 € berappen, und obendrein bekommt man Wein und Spirituosen nur in den dünn gesäten staatlichen Alkoholläden mit Namen Vinmonopolet. Bier ist meist auch in Supermärkten zu haben; ebenso auch das günstige Lettol (Leichtbier). Kein Wunder also, dass **Kaffe** (Kaffee) das Nationalgetränk des hohen Nordens ist, und den bekommt man selbst in Restaurants recht günstig (ab 3,00 €), zumal es meist kostenlos ist, sich mehrmals nachzuschenken (påfyll).

## Daten & Fakten

**Geografie:** Norwegen erstreckt sich am Westrand der skandinavischen Halbinsel über mehr als 14 Breitengrade vom Kap Lindesnes bei etwa 58°N bis zum Nordkap bei etwa 71°N. Die Südgrenze von Nordnorwegen deckt sich mit dem bei 66° 33' 51'' N verlaufenden Polarkreis, doch berücksichtigt dieser Bildatlas auch den oft Mittelnorwegen zugerechneten Norden des Trøndelag. Nordnorwegen umfasst rund 154 000 km² (Gesamtnorwegen 324 000 km²). Rund 23 % der norwegischen Landfläche sind bewaldet, 74 % bestehen aus Gebirgs- und Ödland, nur 3,2 % sind landwirtschaftlich nutzbar, und die durchschnittliche Höhenlage beläuft sich auf 500 m. Die Länge der Küstenlinie beträgt inkl. Fjorde und rund 150 000 Inseln mehr als 83 000 km. Der höchste Berg Nordnorwegens ist der Okstind mit 1916 m, der größte Gletscher Svartisen (370 km²), der längste Fluss die Tana (360 km).
**Bevölkerung:** Nordnorwegen wird von weniger als 900 000 Menschen bewohnt (Gesamtnorwegen 5,2 Mio.), davon sind 30 000 Samen. Die größten Städte sind Trondheim (185 000 Einw.) und Tromsø (72 000 Einw.). Die Bevölkerungsdichte beträgt im Durchschnitt ca. 5,7 Einw./km² (Gesamtnorwegen 15,7 Einw./km², Deutschland 226 Einw./km²). 77 % der Norweger sind evangelisch-lutherische Christen. In Nordnorwegen wird das aus dem Dänischen hervorgegangene Bokmål gesprochen. Die Samen sprechen das zur finnisch-ugrischen Sprachgruppe gehörige Samisch.
**Wirtschaft:** Mit einem Pro-Kopf-Einkommen von rund 72 000 € bei keinerlei Staatsschulden und 2,1 % Inflationsrate ist Norwegen eines der reichsten Länder der Welt. Landwirtschaft und Fischerei erwirtschaften gerade mal 0,8 % des Bruttoinlandsprodukts, der Großteil wird durch Erdöl- und Erdgasförderung verdient, der gesamte Energiebedarf durch Wasserkraft gedeckt. Nach dem Ölgeschäft ist der Tourismus der profitabelste Sektor (etwa 20 % der ausländischen Gäste kommen aus Deutschland).

## Preiskategorien

| | | | |
|---|---|---|---|
| € € € € | Hauptspeisen | über 35 | € |
| € € € | Hauptspeisen | 25 – 35 | € |
| € € | Hauptspeisen | 15 – 25 | € |
| € | Hauptspeisen | unter 15 | € |

## Feiertage und Ferien

Feiertage sind der 1. Jan., Gründonnerstag, Karfreitag und Ostermontag, der 1. Mai, der 17. Mai (Nationalfeiertag), Christi Himmelfahrt, Pfingstmontag, Sankt Hans (Mittsommertag, 24. Juni) und 25. und 26. Dez. Die norwegischen Schul-Sommerferien beginnen stets ein, zwei Tage vor Sankt Hans (24. Juni) und dauern bis Mitte Aug. Dann ist Hochsaison – vor allem im Juli, wenn allgemeine Betriebsferien sind.

## Geld

Zahlungsmittel sind **Norwegische Kronen** (NOK) und Øre. Das kleinste Geldstück ist 50 Øre, das größte 20 NOK; es gibt 50-, 100-, 200-, 500- und 1000-NOK-Scheine. 1 NOK entspricht etwa 0,12 €. Bargeld kann bei vielen Banken (teils auch Postämtern) getauscht werden (hohe Gebühren). Geldautomaten finden sich in fast jedem Ort, die meisten akzeptieren gängige Kredit- und Bank-Karten. Mit Kreditkarten kann man nahezu überall bezahlen. Norwegen ist kein Billigland! Die meisten Grundnahrungsmittel sind deutlich teurer als zu Hause. Fisch gibt es ab 12,00 € (Seelachs)

Info

*Entfernungsangaben in Kirkenes (ganz oben). Hurtigrutenschiff in Svolvær (oben)*

*Tromsø: nördlichstes Skigebiet der Welt*

bzw. 15,00 € (Dorsch) das Kilo, das billigste Bett gibt es kaum unter 40,00 €, ein einfaches Essen in einem Selbstbedienungsrestaurant kostet ab 15,00 €, ein Glas Bier kaum unter 8,00 €.

## Gesundheit/Notruf

Wer ärztliche Hilfe benötigt, wende sich an eine **Ärztestation** (legesenter oder legekontor) oder das örtliche **Krankenhaus** (sjukehus oder sjukestue) bzw. an einen **Zahnarzt** (tannleger) oder eine **Zahnarztstation** (tannhelsetjenesten). Seit 2005 gilt nicht mehr der Auslandskrankenschein (Formular E111), sondern die Europäische Krankenversicherungskarte (European Health Insurance Card), die von den Krankenkassen ausgestellt wird. Auch mit ihr muss man für erbrachte Leistungen zuzahlen – eine Arzt-Konsultation kostet ca. 20,00 € bzw. 25,00 € bei einem Facharzt. Für Medikamente sind generell 36 % der Gesamtkosten selbst zu zahlen. Keine Eigenbeteiligung fällt bei einem Krankenhaus-Aufenthalt an, dennoch ist der Abschluss einer privaten Reise-Krankenversicherung zu empfehlen, da die deutschen Kassen z. B. keinen Rücktransport eines Erkrankten ins Heimatland mehr finanzieren. In Notfällen kann man einen **Krankenwagen** über den **Notruf** Tel. 113 bestellen. Die Mitnahme einer umfangreichen Reiseapotheke ist unnötig, da die hiesigen **Apotheken** (apotek) gut bestückt sind. Wer aber bestimmte Medikamente braucht, sollte diese ausreichend mitbringen, da Medikamente meist nur auf Rezept eines norwegischen Arztes ausgegeben werden und wegen des strengen norwegischen Medikamentengesetzes viele bei uns übliche Präparate nicht zu haben sind. Wichtige Notrufnummern sind: Feuerwehr (110), Polizei (112) und Krankenwagen (113).

## Öffnungszeiten

**Geschäfte:** Mo.–Fr. 9.00/10.00–16–00/17.00, Do. bis 19.00/20.00, Sa. bis 13.00 Uhr, So. geschl.
**Supermärkte:** Mo.–Fr. 9.00/10.00–20.00/ 21.00, Sa. bis 18.00 Uhr, So. geschl.
**Banken:** Mo.–Mi. und Fr. 8.15/8.30–15.00/ 15.30, Do. bis 17.00 Uhr
**Post:** Mo.–Fr. 8.00/8.30–16.00/16.30, Sa. 8.00 bis 13.00 Uhr
**Alkoholgeschäfte:** Mo.–Mi. und Fr. 10.00 bis 16.00, Do. bis 17.00 Uhr, Sa. 9.00–13.00 Uhr

## Reisedokumente

**Personen:** Man benötigt einen gültigen Personalausweis oder einen Reisepass.
**Fahrzeug:** Das Nationalitätskennzeichen ist Pflicht. Die Internationale Versicherungskarte (Grüne Karte) ist nicht erforderlich, wird aber empfohlen. Der nationale Führerschein genügt.
**Haustiere:** Bei der Einreise muss eine Bescheinigung über erforderliche Impfungen und die Gesundheit des Tieres vorgelegt werden. Dazu benötigt man den blauen EU-Pass.

**Info**

## Geschichte

**9000–Zeitenwende:** Am Altafjord finden sich 10 000 Jahre alte Spuren menschlicher Besiedlung (Komsa-Kultur). Zwischen 5000 und 2000 v. Chr. setzt in größerem Umfang eine Besiedlung an der Nordmeerküste ein. Ab ca. 2000 v. Chr. wandern ursamische Gruppen in den Bereich der Finnmark ein.
**3.–12. Jh. n. Chr.:** Ab dem 3. Jh. wandern Nordgermanen aus dem Süden Skandinaviens bis in den hohen Norden. Zur Wikingerzeit ab 700 – Harald Schönhaar († 933) gilt als ihr erster König – entwickelt sich entlang der Küste ein lukrativer Handel. Pelze, von den Samen als Steuern entrichtet, sind in ganz Europa begehrt. König Olav Tryggvason versucht die Wikinger unter dem Christentum zu einen. Sein Nachfolger, Olav Haraldsson, wird 1030 als Märtyrer im Kampf für das Reich und das Christentum heilig gesprochen.
**13. und 14. Jh.:** Die Lübecker Hanse etabliert sich um 1250 in Bergen und versorgt im Tausch gegen Trockenfisch den Norden Norwegens mit Getreide. Das durch die Pest geschwächte Norwegen wird 1380 unter König Olav VI. von Dänemark abhängig und bleibt bis 1814 faktisch dänische Kolonie.
**19. Jh.:** Nach den Napoleonischen Kriegen erhält Schweden 1814 im Vertrag von Kiel Norwegen; bis 1905 werden beide Länder in Personalunion regiert.
**1905–1918:** Norwegen wird 1905 selbstständiges Königreich und bleibt im Ersten Weltkrieg neutral.
**1940–1945:** Im Zweiten Weltkrieg erfolgt die Invasion und Besetzung Norwegens durch die Deutsche Wehrmacht – aus strategischen Gründen und um schwedische Erzlieferungen an England zu unterbinden. 1944 beginnt der deutsche Rückzug aus Nordnorwegen, begleitet von der Taktik der „Verbrannten Erde". Erst die deutsche Kapitulation am 8. Mai 1945 bringt die endgültige Befreiung.
**1945–1949:** Norwegen tritt 1945 der UNO bei. Zum Schutz ihrer Kultur bilden die norwegischen, schwedischen und finnischen Samen eigene Reichsverbände, schließlich auch den länderübergreifenden Nordischen Samenrat, durch den sie heute im World Council of Indigenous Peoples (Weltrat der Urbevölkerungen) vertreten sind. 1949 ist Norwegen Gründungsmitglied der NATO.
**ab 1969:** Große Gas- und Ölvorkommen in der Nordsee werden erschlossen. Norwegen wird zum reichsten Land Europas.
**1988:** Eine eigene samische Flagge wird geschaffen; ein eigenes Parlament vertritt die Samen in Oslo.
**2007:** Als Klimaschutz-engagiertes Land verpflichtet sich Norwegen, bis 2050 der erste „Null-Emissions-Staat" weltweit zu werden.
**2013:** In der Barentssee werden neue Gas- und gigantische Ölvorräte gefunden.
**2014/15:** Seit Sommer 2014 hat sich der Ölpreis fast halbiert, was Norwegen sehr hart trifft. Schon sind in der Ölindustrie gut 10 000 Arbeitsplätze verlorengegangen, werden Investitionen auf Eis gelegt und sind die Aktienkurse der Energiekonzerne auf Talfahrt.

# Reisezeit

Maritimes Küstenklima hin, Hitzewellen über der Finnmark her: Nord-Norwegen liegt auf der geografischen Breite Nordsibiriens, und bis Mai herrscht Winter. Die Blätter knospen Ende Mai, ab Mitte Juni spricht man von Sommer. Größte Schönwetter-Wahrscheinlichkeit herrscht im Juli. Im Aug. machen sich Touristen schon wieder rar, denn Ende des Monats hält der Herbst Einzug. Der Sept. ist der Monat des „Indian Summer". Dass man ab Okt. wieder mit Spikes fahren darf, hat seinen Grund, auch wenn man hier erst ab Ende Dez. von Winter spricht. Kältester Monat ist der Jan., als schneesicher gelten Febr. und März, teils auch April.

# Sport

**Angeln:** Nordnorwegen gilt als eines der bedeutendsten Angelreviere Europas, und Informationen gibt es beim Fremdenverkehrsamt (s. Adressen). Meerangeln darf man wo und wie oft man will, für das Süßwasserangeln auf wandernde Fischarten (Lachs, Meerforelle, Meersaibling) bzw. für den Krebsfang ist eine Fischereigebühr (fiskeravgift) von ca. 30,00 € zu entrichten (in jeder Postdienststelle oder über http:// fiskeravgift.miljodirektoratet.no); neben dieser Lizenz ist zusätzlich oft eine fiskekort erforderlich (meist bei der Tourist-Information).
**Radwandern:** Ein Nordnorwegen-Urlaub mit dem Fahrrad ist einfach unübertroffen. Die Infrastruktur ist ausgezeichnet, es gibt ausgeschilderte Fahrradrouten quer durchs Land, auch kann man überall Fahrräder ausleihen; sogar Rückgabe am Zielort ist oft möglich. Spezielle Fahrradführer (sykkelguider) vom Norwegischen Fremdenverkehrsamt informieren umfassend; hilfreich ist auch Sykkelturisme i Norge (www.cyclingnorway.com).
**Wandern:** Ein dichtes Netz von Wanderhütten und markierten Wegen erschließt alle wichtigen Regionen. Bei den jeweiligen Touristenbüros bekommt man alles, was man an zusätzlichen Informationen benötigt (u. a. Kartenmaterial). Als Minimalausrüstung sollte man bereits eingelaufene Berg- oder Trekkingschuhe mitbringen. Bergsteigen kann man im „Land der steilsten Berge" auch, will man Gletschertouren unternehmen, führt kein Weg an Svartisen vorbei. Auch Klettern erfreut sich großer Beliebtheit; Zentrum dieses Extremsports sind die Lofoten. Über alle Outdoor-Aktivitäten informiert der norwegische Verein für Bergwandern (Den Norske Turistforening, Tel. 40 00 18 70, www.dnt.no).
**Wassersport:** Die Küste ist ein Traumrevier zum Kajakfahren und Tauchen, und „das" Kanuparadies des Nordens ist das Reisadal. Segler sollten große Erfahrung mitbringen, und Schwimmen ist angesichts der niedrigen Wassertemperaturen nur etwas für Hartgesottene.
**Wintersport:** Narvik und Tromsø gelten als nördlichstes Alpinskigebiet Norwegens. Langlauf ist überall im Binnenland möglich, speziell in der riesigen Finnmarksvidda. Infos auf www.skiinfo.no und www.norskespor.com.

# Telefon

**Münzfernsprecher** akzeptieren 1- und 5-NOK-, meist auch 10- und 20-NOK-Münzen, werden aber mehr und mehr durch Kartentelefone bzw. kombinierte Münz-/Karten- und auch Kreditkarten-Telefone ersetzt. Telefonkarten gibt es u. a. in Kiosken und an Tankstellen.
Für **Auslandsgespräche** wählt man erst die 00, gefolgt von der Vorwahlnummer des Landes, dann die Ortskennzahl ohne 0, schließlich die Teilnehmernummer. Internationale Vorwahlen: Deutschland 0049, Österreich 0043, Schweiz 0041, Norwegen 0047.
**Ortsvorwahlen** gibt es nicht in Norwegen: Es müssen immer alle acht Zahlen der Rufnummer gewählt werden.
**Mobiltelefone** sind beliebt und an der ersten Ziffer (9 oder 4) zu erkennen. Wer nicht permanent über die heimische Rufnummer erreichbar sein muss, sollte sich eine norwegische Prepaidkarte zulegen. Das funktioniert jedoch nur bei Handys ohne SIM-Lock. Kärtchen mit Aufladecode (påfyllkort) gibt es u. a. in Kiosken und an Tankstellen, ein Startpaket (startpakke) mit Sim-Karte und etwas Guthaben kostet ab 12,00 €, u. a. bei My Call (www.mycall.no). Smartphone- oder Laptop-Besitzer können in den meisten Unterkünften kostenlos über WLAN ins **Internet** gehen, in den Städten finden sich mehr und mehr WLAN-Hotspots. Auch in Bibliotheken, am Flughafen, im Bahnhof, im Busbahnhof sowie in den Fremdenverkehrsbüros kann man auf das Internet zugreifen (ca. 5,00 €/Std.), günstiger ist es mit einer norwegischen SIM-Karte im Mobiltelefon bzw. mit einem Surf-Stick – ab 2,50 € Tagestarif kann gesurft werden.

# Unterkunft

Die Übernachtungsmöglichkeiten reichen vom überall erlaubten Zelten in der Natur („Jedermannsrecht") bis zum Fünf-Sterne-Hotel.

## Tipp

# Lesetipps

Johann Bojers Lofoten-Roman **Die Lofotfischer** ist nur noch antiquarisch erhältlich. **Schattenkind** ist das jüngste Werk der Krimi-Autorin Anne Holt. Die stärksten Bezüge zu Nordnorwegen haben Knut Hamsuns Romane **Benoni**, **Die Stadt Segelfoss, Landstreicher** und **Segen der Erde**. Nina Freytags **Elche, Fjorde, Königskinder – Norwegische Glücksmomente** erzählen vom Zauber des Nordens zwischen Eismeerstille, Natur und Lebensfreude seiner Bewohner. Herbjørg Wassmos **Das Buch Dina** schildert das Leben einer ungewöhnlichen Frau, die vor 150 Jahren als Herrin auf einem Handelshof zwischen Lofoten und Tromsø lebt.

**Camping/Hütten:** Mehrere hundert Campingplätze gibt es; den meisten sind preiswerte Hütten angeschlossen, wie die Campingplätze im internationalen Vergleich überhaupt eher günstig sind: Zwei Personen zahlen mit Zelt und Auto ab 20,00 €, mit Wohnmobil ab 25,00 €.
**Jugendherbergen:** Die über 20 Jugendherbergen in Nordnorwegen (vandrerhjem) stehen jedem offen, sind modern, haben ein großes Freizeitangebot, bieten günstige Mahlzeiten und Betten in Mehrbettzimmern (ab 35,00 €) sowie meist auch in Einzel- oder Doppelzimmern (ab 60,00 €). Informationen über Norske Vandrerhjem (Postboks 53 Grefsen, N-0409 Oslo, Tel. 23 12 45 10, www.hihostels.no).
**Ferienhäuser:** Feriehytter gibt es überall im Land, sie bestehen meist aus Küche, mehreren Schlafzimmern, WC und Wohnzimmer. Die Preise liegen zwischen 500,00 und 2500,00 € pro Woche; eine durchschnittliche Hütte für

*Der Nidaros-Dom in Trondheim gehört zu den bedeutendsten Bauwerken in Skandinavien.*

4–6 Personen ist in der Hochsaison für etwa 600,00 € pro Woche zu haben. Das Norwegische Fremdenverkehrsamt informiert über Dutzende Ferienhaus-Agenturen; einer der größten Anbieter ist Novasol (Tel. 040 6 88 71 51 82, www.novasol.de).

**Pensionen:** Eine Übernachtung in einer Pension, Gjestgiveri oder Gjestegård kostet 80,00 bis 120,00 € für ein Doppelzimmer (meist mit Bad) inkl. Frühstück. Die günstigsten Unterkünfte verbergen sich hinter Rom, Overnatting oder Værelser – Umschreibungen für Privatquartiere, die ab 60,00 € für ein Doppelzimmer erwarten, ebenfalls inkl. Frühstück.

**Hotels:** Der Standard ist hoch, die Preise noch höher, doch es gibt oft Wochenend-Rabatte sowie ermäßigte Sommerpreise. Flexibel reist man mit dem Fjord Pass (www.fjordpass.no, 18,00 € für zwei Erwachsene und deren Kinder unter 15 Jahren), der in rund drei Dutzend Übernachtungsbetrieben in Nordnorwegen

## Preiskategorien

| | | |
|---|---|---|
| € € € € | Doppelzimmer | über 150 € |
| € € € | Doppelzimmer | 120 – 150 € |
| € € | Doppelzimmer | 100 – 120 € |
| € | Doppelzimmer | unter 100 € |

akzeptiert wird und den Preis um bis zu 50 % reduziert, sodass man dann noch ab 40,00 € pro Person und Tag zahlt.

## Verkehrsmittel

Wer öffentliche Verkehrsmittel nutzen will, sollte die (auch deutschsprachige) Website der **Norsk Reiseinformasjon** (www.rutebok.no) aufrufen und die nach den norwegischen Fylker (Verwaltungsbezirke) geordnete www.177. no. Vor Ort erreicht man in jeder Fylke unter Tel. 177 einen mehrsprachigen Infodienst, der Fragen zu Verkehrsmitteln, Abfahrtszeiten, Preisen etc. beantwortet. Außerhalb der Fylke, über die man Informationen benötigt, wählt man Tel. 81 50 01 78 statt Tel. 177. Informationen zu Bahn, Bus, Flug und Schiff s. auch Anreise.

## Zollbestimmungen

Norwegen ist kein Mitglied der EU, deshalb sind Sondervorschriften zu beachten. So dürfen ab 18 Jahren 3 l Wein (bis 22 Vol.%) und 2 l Bier eingeführt werden, ab 20 Jahren alternativ auch 1,5 l Wein, 2 l Bier und 1 l Spirituosen (bis 60 Vol.%). Tabak darf man ab 18 Jahren einführen – 200 Zigaretten oder 250 g Tabak. Weitere Informationen: www.norwegen.no.

**Info**

## Wetterdaten Tromsø

| | TAGES-TEMP. MAX. | TAGES-TEMP. MIN. | WASSER-TEMP. | TAGE MIT NIEDER-SCHLAG | SONNEN-STUNDEN PRO TAG |
|---|---|---|---|---|---|
| Januar | –2° | –6° | 2° | 13 | 0 |
| Februar | –2° | –6° | 1° | 12 | 1 |
| März | 0° | –5° | 1° | 13 | 4 |
| April | 3° | –2° | 2° | 11 | 5 |
| Mai | 7° | 1° | 5° | 10 | 7 |
| Juni | 12° | 7° | 8° | 11 | 7 |
| Juli | 16° | 9° | 11° | 13 | 6 |
| August | 14° | 8° | 11° | 14 | 5 |
| September | 10° | 5° | 8° | 15 | 3 |
| Oktober | 5° | 1° | 6° | 17 | 2 |
| November | 1° | –3° | 4° | 14 | 0 |
| Dezember | –1° | –5° | 2° | 14 | 0 |

*Nordnorwegen ist ein Bauernland mit Felsenkranz – hier am Sørfjord bei Tromsø.*

# Register

**Fette** Ziffern verweisen auf
Abbildungen

**A**
Alta 97
Alta (Sautso) Canyon **87**, **90**, 98
Andenes 5, 71
Andøy, Insel 71
Austvågøy, Insel 59, 70, **109**

**B**
Bodø 45
Borg **62**, 70
Brønnøysund **41–42**, 51, 53
Bugøynes **102**

**D**
Dønna, Insel **46**, 51

**E**
Eidsfjord **64**, 70

**F**
Fiskebøl 57, 63
Fiskumfoss, Wasserfall 38, 39
Flakstadøy, Insel 69
Formofoss, Wasserfall 38

**G**
Gamvik 107, 114
Grong 33, 38
Grønligrotte **52**

**H**
Hamarøy, Halbinsel 83
Hammerfest 91, **91–92**, 98
Harstad 84
Havøysund 98
Helleristninger **90**
Henningsvær 70, **109**
Hjelmsøy, Insel 98
Hurtigrute 3, 7, 34, 35, 51, 107

**J**
Junkerdal, Nationalpark 52
Junkerdalsura, Klamm 52

**K**
Kabelvåg **56**, 59, 65
Karasjok 7, 107, 113, **114**
Kautokeino 106, **106**, 113, **113**
Kirkenes 106, 107, 114, **114**, **118**
Kvænangen, Fjord **87**

**L**
Lakselv 103, 107
Langøy, Insel 64, 70
Lovund, Inselgruppe 52
Lyngen **88**, 89

**M**
Magerøy, Insel 98
Målselv 84
Målselvfossen, Wasserfall 84

Mo i Rana 45
Mollisfoss, Wasserfall 99
Mosjøen 45
Moskenesøy, Insel **61**, 69

**N**
Namsen, Fluss 39
Namsos 38, 45
Narvik **77–78**, 77, 83, 85
Nordkap **92**, 93, **93**, 98
Nusfjord 55, 69, **69**

**O**
Øksfjord 97
Øvre-Dividal, Nationalpark **78**
Øvre-Pasvik, Nationalpark 115

**P**
Polarkreis **42**, 43, 51
Porsangerfjord **103**, 107

**R**
Reine **8–9**, 9, 61, **61**, **71**
Reisadal, Nationalpark 97, 99, **99**
Reisaelv, Fluss 99, **99**
Rentier 4, 5, 47, 81, 113, 114, 117
Ringve **30**, 38
Rolvsøy, Insel 98
Rørvig **28**, 39
Rotsund **88**

**S**
Saltdal 52
Saltfjell 52
Saltfjellet-Svartisen, Nationalpark 42
Sandnessjøen 43, 51, 53
Senja, Insel **83**, 84
Setergrotte 52
Sørfjord **120**
Stetind, Berg 83
Stockfisch 69, 108, 109, 110, 117
Svartisen, Gletscher **10–11**, **42**, 117
Svolvær **57**, 57, 59, **63**, 70

**T**
Tana, Fluss 107, 117
Tømmeråsfoss, Wasserfall 38
Torghattan, Berg 7, 43, 51
Træna, Insel 51
Trollfjord 35, 60, **60**
Trollheimen **103**
Tromsø 7, **20–21**, 21, 74, **74**, 75, **75**, 77, 84, **84**
Trondheim **26**, **27**, **32**, 37, **119**

**U**
Unstad 70
Utakleiv 70

**V**
Vardø 107, 114
Vefsna, Fluss 52
Vega, Inselgruppe 51, 53
Vestvågøy, Insel **67**, 69

## Impressum

**4. Auflage 2016**
© DuMont Reiseverlag, Ostfildern

**Verlag:** DuMont Reiseverlag, Postfach 3151, 73751 Ostfildern, Tel. 0711 45 02 0,
Fax 0711 45 02 135, www.dumontreise.de
**Geschäftsführer:** Dr. Thomas Brinkmann, Dr. Stephanie Mair-Huydts
**Programmleitung:** Birgit Borowski
**Redaktion:** Olaf Rappold (red.sign, Stuttgart)
**Text:** Michael Möbius, Kabelvåg/Norwegen
**Exklusiv-Fotografie:** Ola Røe, Laksvatn/Norwegen
**Titelbild:** Fischerhütten in Mortsund auf den Lofoten (laif/Christophe Boisvieux)
**Zusätzliches Bildmaterial:** S. 5 laif/Arcticphoto, S. 10/11 Glow Images, S.14/15
laif/Gerald Hänel, S. 16/17 Bildagentur Huber/Römmelt, S. 18/19 mauritius
images/imagebroker/Norbert Eisele-Hein, S. 20/21 mauritius images/Bård Løken,
S. 22 l. LOOK-foto/Sabine Lubenow, S. 22 r. o. Shutterstock/hugolacasse, S. 22 r.
u. mauritius images/Alamy, S. 23 l. und r. o. mauritius images/Alamy, S. 23 u. laif/
Max Galli, S. 24/25 und 26/27 Bildagentur Huber/Gräfenhain, S. 29 o. l. Innovation
Norway/Johan Berge, S. 32 o. mauritius images/Image Source, S. 35 l. LOOK-foto/
Bernard van Dierendonck, S. 35 r. laif/Reiner Harscher, S. 38 u. mauritius images/
imagebroker/Lydie Gigerichova, S. 39 o. Innovation Norway/Yngve Ask, S. 39 M.
www.grongfri.no, S. 39 u. LOOK-foto/Jan Greune, S. 42 o. DuMont Bildarchiv/Jörg
Modrow, S. 48 o. Shutterstock/hugolacasse, S. 48 u. l. Fiskekrogen Henningsvær,
S. 48 u. r. Glow Images, S. 49 o. Restaurant Gapahuken, S. 51 M. LOOK-foto/
Brigitte Merz, S. 51 r. mauritius images/Bård Løken, S. 53 Innovation Norway/
Nordic life/Terje Rakke, S. 54/55 Bildagentur Huber/Gräfenhain, S. 58/59 DuMont
Bildarchiv/Jörg Modrow, S. 61 o. l. und 62 o. l. Innovation Norway/Nordic life/Terje
Rakke, S. 62 u. r. Innovation Norway/Frode Sandbeck, S. 63 Innovation Norway/
Frithjof Fure, S. 69 r. u. mauritius images/imagebroker/cko, S. 71 o. mauritius
Images/Oxford Scientific, S. 71 u. Whalesafari Andenes, Lundqvist/Bjønnes, S.
72/73 mauritius images/Bård Løken, S. 74 o. laif/Reiner Harscher, S. 75 l. laif/
Toma Babovic, S. 75 r. laif/Reiner Harscher, S. 76 Getty Images/Johner, S. 80 laif/
Arcticphoto, S. 81 u. Getty Images/Manuel Romarís, S. 83 l. Bildagentur Huber/M.
Rellini, S. 85 NSB, S. 86/87 und 90–91 Transit/Thomas Härtrich, S. 92 o. Getty
Images/Photographer's Choice, S. 92 u. und 93 Transit/Thomas Härtrich, S. 94
o. Shutterstock/hugolacasse, S. 94 u. mauritius images/imagebroker/Christian
Handl, S. 95 l. o. picture-alliance/Hinrich Bäsemann, S. 95 l. u. laif/Le Figaro
Magazine/Wallet, S. 95 r. mauritius images/Alamy, S. 99 Transit/Thomas Härtrich,
S. 100/101 laif/Le Figaro Magazine, S. 103 Transit/Thomas Härtrich, S. 104 o. l.,
o. r. und 105 l. laif/Arcticphoto, S. 105 r. LOOK-foto/age fotostock, S. 106 o. laif/
Thomas Linkel, S. 106 u. l. und u. r. Innovation Norway/Nordic Life/Terje Rakke,
S. 107 Transit/Thomas Härtrich, S. 108 laif/Galli, S. 109 o. LOOK-foto/Bernard
van Dierendonck, S. 110 o. Innovation Norway/Frithjof Fure, S. 110 u. Visum/Jiri
Rezac, S. 111 StockFood/Feiler Fotodesign, S. 113 o. und 114 l. Transit/Thomas
Härtrich, S. 114 r. o. Visum/Norbert Eisele-Hein, S. 115 LOOK-foto/age fotostock,
S. 116 l. mauritius images/nature picture library, S. 119 LOOK-foto/Frank van
Groen, S. 120 Transit/Thomas Härtrich, S. 8/9, 12/13, 49 u., 69 r. o., 83 r. o., 98 u.,
109 u., 116 r. u., 118 l. o. und l. u. DuMont Bildarchiv/Gerald Hänel
**Grafische Konzeption, Art Direktion:** fpm factor product münchen
**Cover Gestaltung:** Neue Gestaltung, Berlin
**Layout:** Cyclus · Visuelle Kommunikation, Stuttgart
**Kartografie:** © MAIRDUMONT GmbH & Co. KG
Kartografie Lawall (Karten für „Unsere Favoriten")
**DuMont Bildarchiv:** Marco-Polo-Straße 1, 73760 Ostfildern,
Tel. 0711 45 02 266, Fax 0711 45 02 10 06, bildarchiv@mairdumont.com

Für die Richtigkeit der in diesem DuMont Bildatlas angegebenen Daten –
Adressen, Öffnungszeiten, Telefonnummern usw. – kann der Verlag keine
Garantie übernehmen. Nachdruck, auch auszugsweise, nur mit vorheriger
Genehmigung des Verlages. Erscheinungsweise: monatlich.

**Anzeigenvermarktung:** MAIRDUMONT MEDIA, Tel. 0711 450 23 33, Fax
0711 450 21 012, media@mairdumont.com, http://media.mairdumont.com
**Vertrieb Zeitschriftenhandel:** PARTNER Medienservices GmbH, Postfach
810420, 70521 Stuttgart, Tel. 0711 72 52 212, Fax 0711 72 52 320
**Vertrieb Abonnement:** Leserservice DuMont Bildatlas,
Zenit Pressevertrieb GmbH, Postfach 810640, 70523 Stuttgart,
Tel. 0711/7252-265, Fax 0711/7252-333,
dumontreise@zenit-presse.de
**Vertrieb Buchhandel und Einzelhefte:** MAIRDUMONT
GmbH & Co. KG, Marco-Polo-Straße 1, 73760 Ostfildern,
Tel. 0711 45 02 0, Fax 0711 45 02 340
**Reproduktionen:** PPP Pre Print Partner GmbH & Co. KG, Köln
**Druck und buchbinderische Verarbeitung:**
NEEF + STUMME premium printing GmbH & Co. KG, Wittingen,
Printed in Germany

FSC
www.fsc.org
MIX
Papier aus verantwortungsvollen Quellen
FSC® C001857

# Lieferbare Ausgaben

*Hamburgs Herz pocht an Elbe und Alster.*

*Die Kanaren sind vom Klima begünstigt – beste Voraussetzung für herrliche Strandtage.*

## Hamburg

### Deutschlands Tor zur Welt
Der Hafen ist das Aushängeschild der Hansestadt, aber Hamburg hat natürlich noch weit mehr zu bieten, wir präsentieren alle Highlights.

### Urbane Visionen
Aus alten Hafenvierteln werden trendige Stadtteile. Erleben Sie das „neue" Hamburg.

### Shopping hanseatisch
Hamburger Trend-Labels und Traditionshäuser, hier kaufen Sie zwar nicht günstig, aber gut!

## Teneriffa
### La Palma · La Gomera · El Hierro

### Paradiesische Inseln
Sie wissen noch nicht wohin? Wir stellen Ihnen die Westkanaren ausführlich in Bild und Wort vor.

### Exklusiv wohnen
Warum sich nicht mal etwas Besonderes gönnen, die besten Adressen auf Teneriffa und den kleinen Kanareninseln.

### Wandern mit Aussicht
Unsere Favoriten – die neun erlebnisreichsten Wanderungen auf den Kanaren.

www.dumontreise.de

**DEUTSCHLAND**
119 Allgäu
092 Altmühltal
105 Bayerischer Wald
120 Berlin
162 Bodensee
121 Brandenburg
175 Chiemgau, Berchtesg. Land
013 Dresden, Sächs. Schweiz
152 Eifel, Aachen
157 Elbe und Weser, Bremen
125 Erzgebirge, Vogtland
168 Franken
020 Frankfurt, Rhein-Main
059 Fränkische Schweiz
112 Freiburg, Basel, Colmar
028 Hamburg
026 Hannover zw. Harz u. Heide
042 Harz
062 Hunsrück, Naheland, Rheinhessen
023 Leipzig, Halle, Magdeburg
131 Lüneburger Heide, Wendland
133 Mecklenburgische Seen
038 Mecklenburg-Vorpommern
033 Mosel
114 München
047 Münsterland
015 Nordseeküste Schleswig-Holstein
006 Oberbayern
161 Odenwald, Heidelberg
035 Osnabrücker Land, Emsland
002 Ostfriesland, Oldenb. Land
164 Ostseeküste Mecklenburg-Vorpommern
154 Ostseeküste Schleswig-Holstein
136 Pfalz
040 Rhein zw. Köln und Mainz
079 Rhön
116 Rügen, Usedom, Hiddensee
137 Ruhrgebiet
149 Saarland
080 Sachsen
081 Sachsen-Anhalt
117 Sauerland, Siegerland
159 Schwarzwald Norden
045 Schwarzwald Süden
018 Spreewald, Lausitz
008 Stuttgart, Schwäbische Alb
141 Sylt, Amrum, Föhr
142 Teutoburger Wald
170 Thüringen
037 Weserbergland
173 Wiesbaden, Rheingau

**BENELUX**
156 Amsterdam
011 Flandern, Brüssel
070 Niederlande

**FRANKREICH**
055 Bretagne
021 Côte d'Azur
032 Elsass
009 Frankreich Süden Languedoc-Roussillon
019 Korsika
071 Normandie
001 Paris
115 Provence

**GROSSBRITANNIEN/IRLAND**
063 Irland
130 London
138 Schottland
030 Südengland

**ITALIEN/MALTA/KROATIEN**
017 Gardasee, Trentino
110 Golf von Neapel, Kampanien
163 Istrien, Kvarner Bucht
128 Italien, Norden
005 Kroatische Adriaküste
167 Malta
155 Oberitalienische Seen

158 Piemont, Turin
014 Rom
165 Sardinien
003 Sizilien
140 Südtirol
039 Toskana
091 Venedig, Venetien

**GRIECHENLAND/ ZYPERN/TÜRKEI**
034 Istanbul
016 Kreta
176 Türkische Südküste, Antalya
148 Zypern

**MITTEL- UND OSTEUROPA**
104 Baltikum
122 Bulgarien
094 Danzig, Ostsee, Masuren
169 Krakau, Breslau, Polen Süden
044 Prag
085 St. Petersburg
145 Tschechien
146 Ungarn

**ÖSTERREICH/SCHWEIZ**
129 Kärnten
004 Salzburger Land
139 Schweiz
144 Tirol
147 Wien

**SPANIEN/PORTUGAL**
043 Algarve
093 Andalusien
150 Barcelona
108 Costa Brava
025 Gran Canaria, Fuerteventura, Lanzarote
172 Kanarische Inseln
124 Madeira
174 Mallorca
007 Spanien Norden, Jakobsweg
118 Teneriffa, La Palma, La Gomera , El Hierro

**SKANDINAVIEN/NORDEUROPA**
166 Dänemark
153 Hurtigruten
029 Island
099 Norwegen Norden
072 Norwegen Süden
151 Schweden Süden, Stockholm

**LÄNDERÜBERGREIFENDE BÄNDE**
123 Donau – Von der Quelle bis zur Mündung
112 Freiburg, Basel, Colmar

**AUSSEREUROPÄISCHE ZIELE**
010 Ägypten
053 Australien Osten, Sydney
109 Australien Süden, Westen
107 China
024 Dubai, Abu Dhabi, VAE
160 Florida
036 Indien
027 Israel
111 Kalifornien
031 Kanada Osten
064 Kanada Westen
171 Kuba
022 Namibia
068 Neuseeland
041 New York
048 Südafrika
012 Thailand
046 Vietnam